中国古代教育智慧
ZHONGGUOGUDAIJIAOYUZHIHUI

论语的教育智慧

刘枫 著

中国商业出版社

图书在版编目（CIP）数据

论语的教育智慧 / 刘枫著 . -- 北京：中国商业出版社，2018.7
ISBN 978-7-5208-0299-4

Ⅰ. ①论… Ⅱ. ①刘… Ⅲ. ①孔丘教育思想—研究 Ⅳ. ① G40-092.25

中国版本图书馆 CIP 数据核字（2018）第 069728 号

责任编辑：王彦

中国商业出版社出版发行
010-63033100 www.c-cbook.com
（100053 北京广安门内报国寺 1 号）
新华书店经销
天津兴湘印务有限公司
＊＊＊＊＊
710 毫米 ×1000 毫米　1/16 开　11 印张　125 千字
2018 年 8 月第 1 版　2018 年 8 月第 1 次印刷
　
定价：35.00 元
＊＊＊＊＊
（如有印装质量问题可更换）

目 录

第一部分 孔子的教育思想 ·· 1
    一、作者生平简介 ·· 3
    二、孔子的教育思想 ·· 6

第二部分 《论语》的教育智慧 ·· 9
    一、育民治政　育己修身 ·· 11
    二、有教无类　性近习远 ·· 13
    三、仁者爱人　学优则仕 ·· 14
    四、"文行忠信"始为教 ·· 16
    五、教与学原则和方法 ·· 17

第三部分 《论语》选编 ·· 21
    第一篇　学而 ·· 23
        故事：杨震辞金 ·· 27
    第二篇　为政 ·· 30
        故事：季布一诺千金 ·· 34

第三篇　八佾	37
故事：季札让国	41
第四篇　里仁	44
故事：孔子的忠恕之道	49
第五篇　公冶长	51
故事：曹操不念旧恶成大业	55
第六篇　雍也	58
故事：安贫乐道的原宪	63
第七篇　述而	66
故事：朱熹拜师求学	71
第八篇　泰伯	74
故事：周公辅佐成王	78
第九篇　子罕	81
故事：勇于改正的廉颇	86
第十篇　乡党	89
故事：姜后脱簪	94
第十一篇　先进	97
故事：以仁道仕两朝的直臣李纲	101
第十二篇　颜渊	104
故事：玄宗选贤任能创开元	108
第十三篇　子路	111
故事：孔子的中庸之道	116

第十四篇 宪问 ·· 119
　　故事：践行大仁的管仲 ························ 123
第十五篇 卫灵公 ······································ 126
　　故事：杀身成仁的文天祥 ···················· 130
第十六篇 季氏 ·· 134
　　故事：宁饿死不食周粟的伯夷、叔齐 ···· 138
第十七篇 阳货 ·· 141
　　故事：仲由负米孝双亲 ························ 146
第十八篇 微子 ·· 149
　　故事：楚庄绝缨，宽则得众 ·················· 154
第十九篇 子张 ·· 157
　　故事：博学而近思的张衡 ···················· 161
第二十篇 尧曰 ·· 164
　　故事：千古一帝李世民 ························ 167

第一部分 孔子的教育思想

一、作者生平简介

孔子（前551—前479年），名丘，字仲尼。鲁国陬邑（今山东曲阜东南）人。春秋末期思想家、政治家、教育家，儒家学派的创始人。他的祖先是宋国贵族。自孔子的六世祖孔父嘉之后，后代子孙开始以孔为姓，其曾祖父孔防叔为了逃避宋国内乱，从宋国逃到了鲁国。父叔梁纥为鲁国武士，以勇力闻于诸侯。

孔子三岁丧父，母亲颜征在辛苦地教育抚养他。孔子十五岁立志于学。也曾做过管理仓库和管理牛羊的小官。他虚心好学，学无常师，相传向老子请教礼的问题，向苌弘学习音乐，向师襄学习弹琴。孔子三十岁左右，已经以博学知名于世，并开始授徒讲学，开创私人办学之先河。他传授《诗》《书》《礼》《乐》等古代文化典籍。颜路、曾点、子路、伯牛、冉有、子贡、颜渊等，是孔子较早的一批弟子。连鲁国大夫南宫敬叔和孟僖子的儿子孟懿子都来学礼。

三十五岁时，鲁国发生内乱，孔子到了齐国，受到齐景公的赏识和厚待。齐景公向孔子询问政事，孔子说："国君要像国君，臣子要像臣子，父亲要像父亲，儿子要像儿子。"景公极为赞赏，想起用孔子，但被大夫晏婴阻止。

不久，孔子返回鲁国，继续钻研学问，培

孔子行教像

孔子是中国儒家学说的创始人。他的思想体系以德治主义为核心，教导人们积极奉行"己欲立而立人，己欲达而达人"，"己所不欲，勿施于人"的"忠恕之道"。由于孔子的卓越贡献和思想影响深远，他被后人尊称为"至圣先师""万世师表"。

中国古代教育智慧

孔子返鲁

养弟子。五十一岁时，孔子出任鲁国中都宰，第二年提升为鲁国司空、大司寇。鲁定公十年（前500年），鲁、齐两国夹谷之会，齐景公欲威胁鲁国国君就范，孔子以礼斥责景公，保全了国格，使齐侯不仅答应定盟和好，还将郓、龟、阴三地归还鲁国。五十四岁时，孔子受季桓子委托，摄行相事。他为了提高国君的权威，提出"堕三都"、抑三桓（鲁三家大夫）的主张，结果遭到三家大夫的反对，未能成功。五十五岁时，鲁国君臣接受了齐国所赠的宝马美女，终日迷恋声色。孔子大失所望，随后弃官离开鲁国，带领弟子周游列国，另寻施展才能的机会，终无所遇。鲁哀公十一年（前484年），孔子六十八岁，鲁国季康子听了孔子弟子冉有的劝说，派人把孔子从卫国迎接回来。

孔子回到鲁国后，鲁国人尊称他为"国老"，鲁哀公与季康子常以政事求教孔子，也给他很高规格的待遇，但仍没有真正地重用他。孔子晚年继续从事教育和整理文献。他一边教学，一边整理文化典籍，对《诗》《书》《礼》《乐》《易》《春秋》六部古籍进行删订，编成最后的教材定本。

孔子迭遭不幸，他的独子孔鲤和两个重要弟子颜渊、子路都先他而死。鲁哀公十六年（前479年），孔子病逝于家中，终年七十三岁。鲁哀公专门写了悼词，弟子们为孔子举行了隆重的葬礼，把他葬在鲁城北泗水之上，并守孝三年。

孔子一生的主要言行，经其弟子和再传弟子整理编成《论语》一书，成为后世儒家学派的经典。

孔林

在孔林中，有的墓前还存有石雕的华表、石人、石兽。这些都是依照墓中人当时被封爵位的品级设置的，整个孔林延用二千五百年，内有坟冢十余万座。孔林是延续年代最久、保存最完整的家族墓地。

中国古代教育智慧

孔子画像

二、孔子的教育思想

与从政事业相比较，孔子一生在教育领域取得的成就要大得多。春秋以前，学在官府，文化知识被贵族垄断。孔子首创私人讲学，面向社会广泛招收学生，通过传授文化知识来培养从政人才，对随后的历史产生了巨大影响。孔子有弟子三千，其中精通六艺者有七十二人。这些弟子在孔子死后继续游历各诸侯国，推动了各国政治体制由贵族制向官僚制的过渡。同时，他们从不同侧面推行孔子思想、传播古典文献，为战国时期百家争鸣局面的形成创造了条件。孔子通过四五十年的教学实践，一方面教出许多优秀的学生，桃李满天下；另一方面也总结出了许多重要的教育经验。

在教育指导思想方面，孔子主张"有教无类"，即受教育者不应分贵贱、贤愚，应该机会均等。这一思想打破了教育的等级界限，扩大了教育对象，使教育扩及于广大平民，这在当时无疑具有重大的进步意义。

在教学方法方面，他提出"因材施教"，重视启发式教育，注意培养学生的学习自觉性和独立思考能力。为贯彻这一思想，孔子对不同的学生采取不同的教育方法，不要求学生死读书，而贵在触类旁通，孔子还强调在实行启发诱导的基础上，必须注意循序渐进。孔子对学生进行循循善诱启发教育的教学方法，在我国教育史上具有重要地位。

在教育的基本内容方面,孔子长期从事教育工作,教育的内容十分广泛,但他所用的教材多是沿用周代贵族学校所用的六艺,即《诗》《书》《礼》《乐》《易》《春秋》。其中,《诗》《礼》是孔子教学的主要课程。孔子不仅重视《诗》《礼》的教育,而且重视这些内容的总结和挖掘,他对中国古代教育内容的丰富和完善起到了重要的促进作用。

在教育的培养目标方面,孔子认为除了用仁义礼净化人们的灵魂,协调人们的社会行为之外,更主张"学而优则仕",培养具有仁义之心的士君子,以治国安邦。孔子以天下为己任,为恢复西周初年的繁荣盛世而奔走。他兴办教育,广收弟子,目的是通过众弟子传播自己的思想学说,通过优秀的出仕弟子来推行自己的政治主张。当然,孔子的教育思想不可避免地体现着阶级属性,但作为社会的人,孔子在当时历史条件下所倡导的许多思想,本身具有符合人类共性的成分,是中华民族传统美德不可或缺的组成部分,应予以辩证地分析和扬弃。

总之,孔子的教育思想具有一定的科学性,是在综合总结了人的心理和生理的若干特征的基础上阐发的关于教育的一系列思想原则,对现代和后世教育都具有指导意义。

孔庙"鲁壁"纪念处

秦始皇焚书坑儒时,孔子九代孙孔鲋将《论语》等儒家经册藏在一堵墙壁中,直到汉代这批所谓"鲁壁藏书"才被发现。图为孔庙为纪念此事而建的"鲁壁"。

第二部分 《论语》的教育智慧

《论语》有关孔子教育智慧的记述非常广泛,分别对教育的作用、对象、目的、方法等多个方面作了比较全面的阐述,可以称为中国最早的教育著作之一。

一、育民治政 育己修身

《论语》遵从"教育兴国"的思想,认为治理国家最根本的要靠教育。孔子说:"道之以政,齐之以刑,民免而无耻;道之以德,齐之以礼,有耻且格。"只靠政令、刑律去治理国家,百姓只能被动地去遵纪守法,而不会有廉耻之心,不懂得为什么要去遵纪守法,这样不能达到治国的目的。孔子认为政令、刑律都不如教育更加有效。当政者应当以身作则。要求百姓做的事情,当政者首先要告诉百姓,使百姓清楚国家的政策,即孔子所讲的引导百姓。"其身正,不令而行;其身不正,虽令不从。"领导者严于律己、以身作则、带头做好,不用发命令,事情也行得通;如果领导者自己的行为不端正,纵然三令五申,百姓也不会信从。从《论语》的孔子语录中,我们可以清楚地看出《论语》的思想主旨即重视身教。治理国家要靠领导人的作风,要靠榜样的作用,德育教化的力量更胜于严峻的刑律。

《论语》重视人民,主张富民,更突出强调了通过教育来提高人民的综合素质,增强治政效果。《子路》中记载孔子到卫国去,冉有

孔子塑像

孔庙大成殿内头戴十二旒之冕、身穿十二章之服、手执镇圭(古时朝聘用信物)的孔子塑像。

中国古代教育智慧

孔子讲学图

史书记载孔子有弟子三千,成为贤才的有七十二人。孔子有高尚的人格风范和良好的教学方法。他主张以德为先,着力培养仁人君子。对学生因材施教,教学注重启发,提倡学与思并重,希望学生能举一反三,产生新知新见。孔门之教在古代被视为最佳的教学典范,影响深远。

替他驾车,孔子看到卫国人口很稠密,不禁称赞:"人口好多啊!"冉有问他人口多了,应该怎么办呢?孔子说,应该让他们富裕起来。冉有又问,如果富裕了又该怎样呢?孔子说,让他们受教育。孔子虽然在这里谈到了先富后教,但他并不认为只有富裕以后才能进行教育,而是始终把教育作为立国之本,放在治国的首位。《颜渊》中记载"子贡问政",子曰:"足食、足兵、民信之矣。"这里把"足食、足兵、民信"作为立国的三项基本条件。只有"足食""足兵"才能取得"民信"。

二、有教无类　性近习远

孔子认为所有的人都有学习和受教育的权利，他主张"有教无类"，不分身份和地位，人人都可以受教育。孔子的教育对象、教学内容和培养目标都有自己的独特性。他办教育，反映了当时文化下移的现实，学在官府的局面得到改变，除了出身贵族的子弟可以受教育外，其他各阶级、阶层都有了受教育的机会。所以，孔子是中国古代伟大的教育家，开创了中国古代私学的先例，奠定了中国传统教育的基本思想。

《论语》不仅极力倡导孔子"有教无类"的主张，而且记录了孔子身体力行，在教学实践中贯彻了其主张，在他的弟子中有各式各样的人，既有贵族，也有被称为鄙人的下层人物。孔子的"有教无类"的教育实践，确实对我国教育的发展起了推动作用，使不少底层民众也能有受教育的机会。

孔子曾提出"性相近也，习相远也"，主张学而后知，他说："我非生而知之者，好古，敏以求之者。"他认为人的素质都是一样的，只因为环境与教育的不同，才使人有了差别，尽管当时孔子已被人尊为圣人，但在这方面他始终强调自己不是生而知之的人，是学而后知的。《论语》中多处谈到这方面的问题，也代表了《论语》的教育观点和教育信念。

孔子雕塑

三、仁者爱人　学优则仕

孔府

孔府在孔庙的东侧，是孔子嫡长孙世袭的府第。占地二百余亩，有房舍四百八十余间。孔府建筑衙宅合一，园宅结合，府内藏有大量的历史档案、传世文物，历代服饰和用具等，都极为珍贵。

孔子思想体系的核心概念是"仁"。"仁"的最简单表述就是"爱人"，即对人尊重和有同情心。孔子认为，一个人如想达到"仁"的标准，应以"礼"为规范，"克己复礼为仁"，即通过对自己的克制和约束以提高道德水平，从而符合礼的要求。他说："夫仁者，己欲立而立人，己欲达而达人。"就是自己要在社会上取得自立，在事业上顺畅通达，也要帮助别人做到这样。孔子的学生概括他的为人处世之道是"己所不欲，勿施于人"，即"忠恕"思想，其中体现出一种关怀互助和平等相待的人文主义精神。孔子将"仁"看作道德的最高准则，也是道德的总体，孔子还提到很多其他道德名目：如忠、孝、悌、廉、俭、恭、宽、信、敏、惠等。但在他看来，这些名目属于局部性的东西，能做到某项或几项，值得肯定，但还不能算是达到"仁"。"仁"是孔子思想的核心，也是他心中追求的最高理想。他认为，只有仁者才能成名，才能去恶，成为一个完人。他无时无刻不在教导人们努力求仁。他评价人物也是以仁为标准，他虽然并不轻易说某人仁，但还是认为通过努力学习、加强修养、勤于实践是可以达到仁的。

孔子主张行"仁政"，认为只有受过良好教育和具有治理国家的能力，并且道德高尚的人，才会施行"仁政"。孔子从事教育的目的在于培养具有仁义之心的士君子，以治国安邦。事实上，在孔子的七十二位得意门生中，从政者为数不少。这说明孔子的教育思想及培养目标与当时的社会需要是相统一的，体现了教育的社会价值。

孔子希望其门人"学而优则仕"，志在教育出有仁德的君子，能够辅助君主推行"仁政"、安邦定国。"仕而优则学，学而优则仕。"子夏的这句话集中概括了孔子的教育方针和办学目的。做官之余，还有精力和时间，那他就可以去学习礼乐等治国安邦的知识；学习之余，还有精力和时间，他就可以去做官从政。孔子说："先进于礼乐，野人也；后进于礼乐，君子也，如用之，则吾从先进。"也就是主张用先学了礼乐知识的人，而不用做了官才去学习的人。这种重视用学习过的人去做国家官吏的思想，是有积极意义的。尽管这是封建时代中很难实现的一种理想的吏治制度，但对我们古代吏治的发展和改观也曾起过积极作用。

孔庙大成殿

大成殿是孔庙主体建筑，是祭祀孔子的中心场所。现存这座大成殿为清代雍正年间重建，殿高24.8米，宽45.8米，深24.9米，重檐九脊，黄瓦飞甍，雕梁画栋，气势雄伟，八斗藻井饰以金龙和玺彩图，双重飞檐正中竖匾上刻清雍正皇帝御"大成殿"三个贴金大字。

孔子真迹

在河南省卫辉市的比干庙内,有我国历史上第一忠臣殷太师比干的墓冢,当年孔子亲率弟子临墓凭吊,挥剑刻下"殷比干莫(古时莫、墓通用)"四字,立石于墓前。据专家考证,这是目前国内唯一发现的孔子真迹。

四、"文行忠信"始为教

《论语》通过孔子的言论反映出的教育观点是教育内容应该包括四个方面:"学以四教:文、行、忠、信。"也就是说要从文化知识、社会实践、对人忠心和讲究信用四个方面来教育学生。其中最受重视的、最核心的是道德修养,"弟子入则孝,出则悌,谨而信,泛爱众而亲仁。行有余力,则以学文",意思是首先应教育学生在家孝顺父母,外出敬爱兄长,不多说话,说则诚实可靠,博爱大众,亲近有道德的人,在有余力的时候,就去学习文献。"不学礼,无以立",不学习礼,就没有道德标准,就失去了立足于社会的根本。还要重视学诗,认为"不学诗,无以言"。由此可见,《论语》倡导教育内容要丰富,而且教育内容要理论与实践相结合,使学生能够通过实践去理解道理。可贵的是,《论语》中反映了强烈地反对鬼神迷信的思想,"子不语:怪、力、乱、神"。尽管在当时宗教迷信思想流传很广,而孔子却对此持怀疑态度。当然,《论语》所反映的教育内容由于受时代的局限,关于自然科学知识讲到的很少。

五、教与学原则和方法

孔子讲学

《论语》中所记录的教育实践活动和教学经验是非常丰富的,提出了许多有价值的教学原则和方法,直到今天,其中的许多教学原则和方法还都适用,值得后世借鉴。

（一）学和思

《论语》中记载了许多孔子重视学习的言行。"朝闻道,夕死可矣。""学如不及,犹恐失之。"说明自主学习的重要性。《论语》中明确反对死读书,"吾尝终日不食,终夜不寝,以思,无益,不如学也"。通过思考才能形成自己的观点,做到融会贯通。重视学和思,并且认为应该正确对待学和思,"学而不思则罔,思而不学则殆"。《论语》已经认识到学习应该学思并进,不可偏废其一。

（二）学以致用

孔子认为学习的目的是为了应用,他说:"诵《诗》三百,授之以政,不达；使于四方,不能专对；虽多,亦奚以为？"意思是诗读得很多、很熟,让他从政,却不会办事,让他出国办外交,又不会独立地从事谈判,虽然读得多,又有什么用呢？从《论语》中的记载来看,孔子的弟子很多,其中很多人都有专长,通过学习都能出仕为官,并能把学过的东西用于治理国家,而且很有能力,这都说明孔

中国古代教育智慧

孔子见老子图

孔子一直想去拜见老子,向老子请教礼的学问。三十四岁那年,他的学生南宫敬叔帮他向鲁昭公请求了一辆车、两匹马、一名童仆,并随他一起前往周都洛阳拜见老子。

子学以致用的教育是有成效的。

（三）学习态度方法

《论语》中关于学习态度有"毋意、毋必,毋固,毋我"的观点,意思是学习不凭空揣测,不全盘肯定,不拘泥固执,不自以为是。孔子认为："工欲善其事,必先利其器。""盖有不知而作之者,我无是也。多闻,择其善者而从之,多见而识之,知之次也。"意思是说他不是自己不懂却凭空造作的人,而是多听,选择其中合理的部分接受;多看,并且把它记下来,这是仅次于生而知之的知。"生而知之"的人是没有的,"不知而作"是不应该的,正确的学习态度还是应该努力学习,只有学而后知才是真实的,多闻择善而从,多见而识才是正确的学习方法。

学无常师,向一切人学习,这是一种自主学习的思想。"三人行,必有我师焉。择其善者而从之,其不善者而改之。""以能问于不能,以多问于寡;有若无,实若虚;犯而不校。"即使是自己有能力也向比自己能力差的人去请教,自己知识丰富也向比自己知识差的人去求教,有学问却像没有学问,有知识却像没有知识。这种谦虚谨慎的学习态度是十分可贵的。"君子不器",君子不能像器具一般,只有一种用途,应该多才多艺,有多方面知识和能力,才能成为治国的人才。"每事问",虚心向一切人学习才可能成为当时博学多识的大学者。"温故而知新,可以为师矣",要在温习旧的知识时,能够通过思考,有新的发现和体会。能够有创造性的人,才可以做老师,实际上是提出一种创造性学习的要求。"知之为知之,不知为不知,是知也。"强调最正确的学习态度是实事求是。

（四）师生关系

《论语》中唯一没有明确提出的关于教学成功的一个重要因素,就是良好的师生关系的建立。但是《论语》有多处记载,如孔子对学生"爱之,能勿劳乎？忠焉,能勿诲乎""当仁,不让于师""二三子以我为隐乎？吾无隐乎尔。吾无行而不与二三子者,是丘也""后生可畏,焉知来者之不如今也"等。孔子能够民主平等率真地对学生,这是他尊重学生的根据。"颜渊死,子哭之恸。""噫！天丧予！天丧予！"最有力地说明了孔子对弟子有着深厚的感情。

（五）因材施教

《论语》主张因材施教。孔子在施教时,特别注意对学生启发诱导。"不愤不启,不悱

孔子讲堂

洙泗书院旧称孔子讲堂,在曲阜城东北四公里处,相传孔子自卫返鲁后,曾在此删诗书、定礼乐、整理古籍。

中国古代教育智慧

孔子墓

孔林内孔子的坟墓封土高6米，墓东是孔子的子孙的坟墓。

不发。举一隅不以三隅反，则不复也。"颜渊在说到孔子时说："仰之弥高，钻之弥坚。瞻之在前，忽焉在后。夫子循循然善诱人，博我以文，约我以礼，欲罢不能。既竭吾才，如有所立卓尔，虽欲从之，末由而已。"《论语》中有许多记载说明孔子教学时是如何循循善诱，使学生学习起来"欲罢不能"的。还注意要根据一个人的年龄特点进行自我修养的引导和教育，"君子有三戒，少之时，血气未定，戒之在色；及其壮也，血气方刚，戒之在斗；及其老也，血气既衰，戒之在得"。这种认识仅仅是从生理上进行地初步的、肤浅的探究，还不够科学，但也已经难能可贵了。

　　孔子是十分成功的教育家，他办学的规模与他的教育思想和他创立的许多教学方法在当时是无人可比的，对后世的影响更为深远。《论语》是一部重要的古代教育宝书，它比较全面地记载了孔子的教育智慧，成为中国传统教育智慧的象征。

第三部分 《论语》选编

第一篇　学而

【原文】

子①曰："学而时习②之，不亦说③乎？有朋④自远方来，不亦乐乎？人不知而不愠⑤，不亦君子乎？"

【注释】

①子：中国古代对于有地位、有学问的男子的尊称，有时也泛称男子。《论语》书中"子曰"的"子"，都是指孔子而言。

②时习：在周秦时代，"时"字用作副词，意为"在一定的时候"或者"在适当的时候"。但朱熹在《论语集注》一书中把"时"解释为"时常"。"习"，指演习礼、乐，复习诗、书。也含有温习、实习、练习的意思。

③说：音yuè，同"悦"，愉快、高兴的意思。

④朋：同在一位老师门下学习的叫朋，也就是志同道合的人。

⑤愠：音yùn，恼怒，怨恨。

【译文】

孔子说："学习知识并按一定的时间去温习它，不也是很高兴的吗？有同学从远方来，不也是很快乐的吗？不被别人了解而不抱怨，不也是很有君子风度的吗？"

论语的教育智慧

孔子像

此画为南宋画家马远所作。马远的绘画成就以山水画最高，但其画人物也同样不甘于前人的程式。从传世作品可以看出，他突破前人窠臼，敢于大胆剪裁，删繁就简，运用人物身段、动态来刻画人物的形神，达到了简洁生动的美术效果。这从《孔子像》可以窥见一斑。此图孔子身着长袍，拱手而立，沉静肃穆，若有所思，神情十分生动。全图用秃笔写衣纹，简练概括，线条劲拔，寥寥数笔，形神毕现，设色浅淡，韵味高雅。

中国古代教育智慧

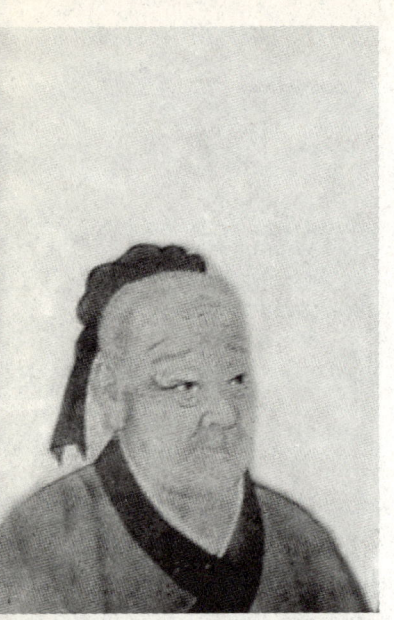

有子

有子,名有若,字子有,春秋末期鲁国人,是孔子的得意门生,为七十二贤人之一。因为他长相很像孔子,又喜欢钻研上古的制度礼仪,后世尊称有若为有子。

【原文】

有子①曰:"其为人也孝弟②,而好犯上③者,鲜④矣;不好犯上,而好作乱者,未之有也⑤。君子务本⑥,本立而道⑦生。孝弟也者,其为仁之本⑧与!"

【注释】

①有子:孔子的学生,姓有,名若,比孔子小三十三岁。《论语》书中记载的孔子学生,一般都称字,只有曾参和有若称"子"。因此,许多人认为《论语》即由曾参和有若所著述。

②孝弟:孝,奴隶社会时期所认为的子女对待父母的正确态度。弟,读音和意义与"悌"(tì)相同,即弟弟对待兄长的正确态度。孝、弟是孔子和儒家特别提倡的两个基本道德规范。

③犯上:犯,冒犯。上,指在上位的人。

④鲜:音xiǎn,少的意思。《论语》书中的"鲜"字,都是如此用法。

⑤未之有也:此为"未有之也"的倒装句型。在古代汉语中,否定句的宾语若为代词,一般置于动词之前。

⑥务本:务,专心、致力于。本,根本。

⑦道:在中国古代思想里,道有多种含义。此处的道,指孔子提倡的仁道,即以仁为核心的整个道德思想体系及其在实际生活的体现。简单讲,就是治国做人的基本原则。

⑧为仁之本:仁是孔子哲学思想的最高范

畴，又是伦理道德准则。为仁之本，即以孝悌作为仁的根本。

【译文】

有子说："孝顺父母，顺从兄长，而喜好触犯上级，这样的人是很少见的。不喜好触犯上级，却喜欢造反，这种人是从来没有的。君子专心致力于根本的事务，根本建立了，治国做人的原则也就有了。孝敬父母，顺从兄长，这就是仁的根本啊！"

【原文】

曾子①曰："吾日三省②吾身：为人谋而不忠③乎？与朋友交而不信④乎？传不习⑤乎？"

【注释】

①曾子：曾子姓曾名参（shēn），字子舆，生于公元前505年，鲁国人，孔子的得意门生，以孝出名。据说《孝经》就是他撰写的。

②三省：省，音xǐng，检查、察看。三省是多次检查。古代在有动作性的动词前加上数字，表示动作频率多，不必认定为三次。

③忠：指对人应当尽心竭力。

④信：诚实。指要求人们按照礼的规定相互守信，以调整人们之间的关系。

⑤传不习：传，音chuán，动词用作名词，老师传授给自己的。习，与"学而时习之"的"习"字一样，指温习、实习、演习等。

【译文】

曾子说："我每天多次自己反省：为别人办事是不是尽心竭力了呢？同朋友交往是不是

曾参

曾参（前505—前435年），春秋末年鲁国人。字子舆，以孝著称，被尊称为曾子。他十六岁拜孔子为师，造诣很深，是孔子的得意门生。著有《大学》《孝经》两书。

中国古代教育智慧

做到诚实可信了呢?老师传授给我的学业是不是复习了呢?"

【原文】

子曰:"道①千乘之国②,敬事③而信,节用而爱人④,使民以时⑤。"

【注释】

①道:一本作"导",作动词用。这里是治理的意思。

②千乘之国:乘,音shèng,意为辆。这里指古代军队的基层单位。每乘拥有四匹马拉的兵车一辆,车上甲士三人,车下步卒七十二人,后勤人员二十五人,共计一百人。千乘之国,指拥有一千辆战车的国家,即诸侯国。春秋时代,战争频仍,所以国家的强弱都用车辆的数目来计算。在孔子时代,千乘之国已经不是大国。

③敬事:敬字一般用于表示个人的态度,尤其是对待所从事的事务要谨慎专一、兢兢业业。

④爱人:古代"人"的含义有广义与狭义的区别。广义的"人",指一切人群;狭义的"人",仅指士大夫以上各个阶层的人。此处的"人"与"民"相对而言,可见其用法为狭义。

⑤使民以时:时,指农时。使民以时,古代百姓以农业为主,这是说要使百姓按照农时耕作与收获。

秋林亭子图

此图为朱耷所作。朱耷(1624—1705年),清初画家、诗人。本名统𨨗,明宁王朱权后裔,曾出家为僧。擅画山水、花鸟、竹木,画面着墨不多,均生动尽致,无景处亦成妙境,所创意境,别具灵奇。此画绘写秋树茅亭、地老天荒之景,笼罩着一派荒凉静寂、无可奈何的气氛。布局独特,内涵丰富。

【译文】

孔子说:"治理一个拥有一千辆兵车的国家,就要严谨认真地办理国家大事而又恪守信用,诚实无欺,节约财政开支而又爱护官吏臣僚,役使百姓要不违农时。"

【故事】

杨震辞金

孔子的高足曾参提出了"反省内求"的修养办法,不断检查自己的言行,使自己修善成完美的理想人格。东汉时期的名儒杨震就是这样的人,他勤奋好学,通晓诸经。他教书办学三十余年,可以说桃李满天下,当世誉为"关西孔子"。杨震也做过东汉的官,他为官唯才是举,清廉公正。他以身作则,教育了弟子,影响了世人。

杨震生性质朴,脾气倔强,教课之余,自己动手种地维持生活。学生们怕老师劳累过度,就偷偷地帮他种上,他知道了反而发脾气,拔掉再自己种。学生们只好由着他。他做了多年太守,到头仍是两袖清风,贫困如洗。他的子孙也都像他那样,吃的是粗茶淡饭,穿的是粗布衣。许多老朋友劝他:为了子孙后代,也该多少置点产业。他总是笑着说:"让我的后世被人称为清官的后代,这份遗产还不够吗?"

杨震五十岁时,做了荆州刺史。不久,

杨震

杨震(59—124年),字伯起,东汉弘农华阴(今陕西潼关县)人。少好学,博览群经。历任荆州刺史、涿郡太守、司徒、太尉等职。安帝乳母王圣及中常侍樊丰贪侈骄横,他多次上书劝谏,被樊丰所诬罢官,愤而自杀。

中国古代教育智慧

杨震墓址

调任东莱太守。他奉调到东莱上任，一日路过昌邑，见昌邑这地方物阜民丰，很是繁华，便在一家客店里住下。又听说昌邑的县令姓王名密，正是自己的学生，于是决定小住几日，一来休息身体，游览金山；二来了解一下王密的才干、为人和政绩。

再说昌邑县县令王密，是杨震的得意门生，此人品学兼优，爽官清正。他早就知道老师在荆州出仕，但因公务缠身，路途遥远，一直未能前去拜望，只能以书信往来，以叙思念之情。如今听说老师从遥远的荆州来到这里，喜出望外。于是步行到客店，把老师接到县衙，一日三餐，好酒好菜，盛情款待。杨震赴任日期将到，决意明日登程。为了报答老师的教诲之恩，这天夜里，王密手捧黄金十斤来到杨震的住处。说："年年桃李，岁岁芬芳，老师教导，永世难忘。这是学生的一点心意，请老师收下吧！"杨震听了拂袖而起，很不高兴地说："我知道你的为人，你为什么不了解我呢？"王密说："老师，这金子乃学生的俸禄，非贪污受贿所得，我特送来孝敬老师。况且深更半夜又没谁知道，您又何必这样认真啊！"杨震正色说："你顶天而来，天知道；踏地而来，地知道；你怀金来，你知道；你把金子送给我，我知道。既然天知、地知，你知、我知，怎能说没人知道呢。你是一县的父母官，一举一动都要为人师表，一心一意都要为黎民百姓着想啊！"王密深受感动，向老师深深拜下，惭愧地说："老师的教诲，学生深铭肺腑，永世不忘。"

为了纪念杨震辞金的事，昌邑的老百姓修了"四知堂"，建立了杨震庙和纪念塔。后来又立了"杨震辞金碑"。杨震辞金的事迹也广为传颂。

杨震塑像

杨震在无人监督的情况下，仍守正不苟，推却重金，正是多年慎独修身的结果。如果一个人不注重自身的修养，很难想象可以成为一个清正光明的廉吏名臣。守正不苟当慎独，在杨震身上有很直接的体现。

中国古代教育智慧

第二篇 为政

【原文】

子曰:"为政以德①,譬如北辰②,居其所③而众星共④之。"

【注释】

①为政以德:以,用的意思。此句是说统治者应以道德进行统治,即"德治"。
②北辰:北极星。
③所:处所,位置。
④共:通"拱",环抱、环绕的意思。

【译文】

孔子说:"用道德来治理国政,执政者便会像北极星一样,居于一定的位置,别的星辰都环绕着它。"

【原文】

子曰:"《诗》三百①,一言以蔽②之,曰:思无邪③。"

【注释】

①《诗》三百:《诗》指《诗经》,《诗经》共有诗三百零五篇。这里说"三百"是举其整数。
②蔽:概括的意思。
③思无邪:为《诗经·鲁颂》中的一句,思,指思想。无邪,纯正。

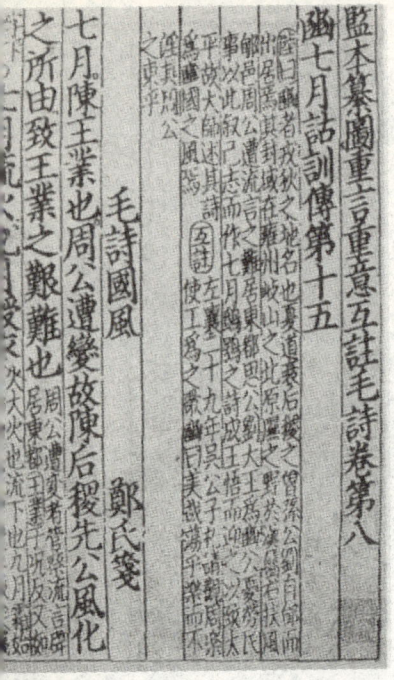

《诗经》书影(宋刻本)

论语的教育智慧

【译文】

孔子说:"《诗经》三百篇,用一句话来概括它,那就是'思想纯正无邪'。"

【原文】

子曰:"道①之以政,齐②之以刑,民免③而无耻④;道之以德,齐之以礼,有耻且格⑤。"

【注释】

①道:通"导",训导、引导。
②齐:整治。
③免:避免。
④耻:羞耻之心。
⑤格:至,来,引申为归服。

【译文】

孔子说:"用法制禁令去引导百姓,使用刑法来约束他们,老百姓只是暂时地免于犯罪受惩,却没有廉耻之心;如果用道德教化引导百姓,用礼制去统一百姓的言行,百姓不但会有廉耻之心,而且人心归服。"

【原文】

子曰:"吾十有①五而志于学,三十而立②,四十而不惑③,五十而知天命④,六十而耳顺⑤,七十而从心所欲,不逾矩⑥。"

【注释】

①有:同"又",古人在整数和小一位的数字之间习惯用"有"字,而不用"又"字。"十有五"即"十五",古人十五岁为入学的年龄。

梅下横琴图

此画是明代画家杜堇的作品。此图描绘的是士人在山坡平台上抚琴赏梅的情景。老梅虬曲如苍龙盘空,红梅绽开,远处云雾中峰岫出没;士人倚坐树干,手抚琴弦,仰视梅花,旁有童子煮茶捧盏伺候。此图表达了文人高雅的情趣。笔调柔和精巧,人物刻画精细,面部略敷铅粉,衣褶劲利流畅,清新秀逸,自成一格。

中国古代教育智慧

樊迟

樊迟（前505—？），春秋末鲁国人。孔子学生，他从小贫穷，但读书刻苦，还懂种田。在未拜孔子为师之前，已在季氏宰冉求处任职。孔子回鲁后拜师。他求知心切，三次向孔子请教"仁"的学问。

②立：自立。

③不惑：不迷惑，掌握了知识，不被外界事物所迷惑。

④天命：上天的意志，指不能为人力所支配的事情。

⑤耳顺：一般而言，指对那些于己不利的意见也能正确对待。

⑥不逾矩：逾，越过。矩，规矩。不逾矩，不会越出规矩。

【译文】

孔子说："我十五岁立志学习，三十岁学成自立，但很多事情是到四十岁才明白。五十岁时，我知道万事都有天命。六十岁时，什么话都能够听进去。到了七十岁，就是随心所欲也不会超越法度和规矩了。"

【原文】

孟懿子①问孝，子曰："无违②。"

樊迟③御④，子告之曰："孟孙⑤问孝于我，我对曰，无违。"樊迟曰："何谓也。"子曰："生，事之以礼；死，葬之以礼，祭之以礼。"

【注释】

①孟懿子：鲁国的大夫，三家之一，姓仲孙，名何忌，"懿"是谥号。他的父亲临终前让他向孔子学礼。

②无违：不要违背。

③樊迟：姓樊名须，字子迟。孔子的弟子，比孔子小四十六岁。他曾和冉求一起帮助

季康子进行革新。

④御：驾驭马车。

⑤孟孙：指孟懿子。

【译文】

孟懿子向孔子问什么是孝，孔子说："孝就是不要违背礼。"

后来樊迟给孔子驾车，孔子告诉他："孟孙问我什么是孝，我回答他说不要违背礼。"樊迟说："不要违背礼是什么意思呢？"孔子说："父母活着的时候，要按礼侍奉他们；父母去世后，要按礼埋葬他们、祭祀他们。"

【原文】

子曰："温故而知新①，可以为师矣。"

【注释】

①温故而知新：故，已经过去的。新，刚刚学到的知识。

【译文】

孔子说："在温习旧知识时，能有新体会、新发现，就可以当老师了。"

【原文】

子曰："学而不思则罔①，思而不学则殆②。"

【注释】

①罔：迷惑，糊涂。

②殆：疑惑。

【译文】

孔子说："只读书学习，而不思考问题，

论语的教育智慧

子游

子游（前506—？），与子夏、子张齐名，曾为武城县令。是孔子后期学生中的佼佼者，被孔子许为"文学"科的高才生，后人往往把他与子夏合称为"游夏"。

中国古代教育智慧

就会茫然无知而没有收获；只空想而不读书学习，就会疑惑而不能肯定。"

【原文】

子曰："人而无信，不知其可也。大车无輗①，小车无軏②，其何以行之哉？"

【注释】

①輗：音ní，古代大车车辕前面横木上的木销子。大车指的是牛车。

②軏：音yuè，古代小车车辕前面横木上的木销子。没有輗和軏，车就不能走。

【译文】

孔子说："作为一个人，却不讲信用，那么不知他还有什么可以肯定的地方。就好像大车没有輗、小车没有軏一样，它靠什么行走呢？"

【故事】

季布一诺千金

秦朝末年，政治十分黑暗。季布心中仰慕古代的游侠，立志当一个"除恶济贫"的人。他从小练就了一身好武艺，决心做一个说话讲信用，行动讲效果，答应别人的事一定要做到，帮助别人不惜牺牲自己的人。长大后，他成了身材魁梧、武艺精良、说一不二的青年，很受大家器重。

为了躲避差役，季布离家出走，沿着长江四处流浪，他沿途帮助穷苦人民，主持正义，

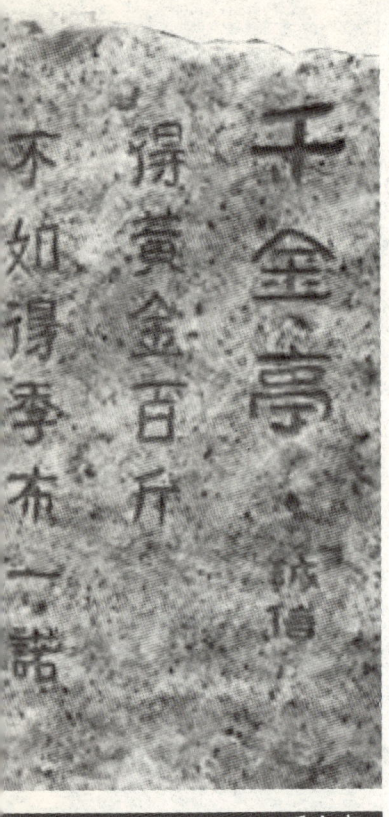

千金亭

凡是他答应过的事情没有做不到的。因此，季布在长江中游一带很有名声。老百姓都说："得黄金百斤，不如得季布一诺。"后来这个谚语就演变为成语"一诺千金"。

秦二世统治黑暗，各地义军风起云涌，起来反抗暴秦。季布加入了项羽的军队，项羽很赏识他，多次派他执行重要任务，曾屡次使汉王刘邦受到困窘，还差点没把刘邦的老父亲给烹了。

经过楚汉相争，汉王刘邦打败了项羽，楚霸王项羽被逼在乌江（今安徽省和县东北）自杀。刘邦当上了汉朝的开国皇帝，把父亲太公尊为太上皇。想起季布押解太公的情景，他恨得咬牙切齿。于是，刘邦命令全国缉拿季布，说："谁抓到季布就赏给千金，敢于匿藏季布的要诛杀三族。"

这时，季布已经逃到了濮阳，躲在好朋友周氏的家里。周氏给他献计："我现在要把你装扮成奴隶，运到山东去卖给朱家。他虽然是一个大财主，却是一个行侠仗义的性情中人，而且与朝中几个大臣很有交情。英雄相惜，恐怕只有他才能够救你。你从将军到奴隶，地位有了天壤之别的变化，凡事一定要忍耐，可动不得性子啊。人们都说，'得黄金百斤，不如得季布一诺'，相信这次你也不会食言。"季布听了，又重重地点了一下头。于是，周氏把季布剃成了光头，给他换上粗麻布的破烂衣裳，让他和家奴住在一起。

项羽

项羽（前232—前202年），名籍，下相（今江苏宿迁）人。身长八尺，力能扛鼎，才气过人。公元前209年起兵吴中，三年征伐九州，一统天下。率军入关中，以五诸侯灭暴秦，威震四海，自立为西楚霸王，号令天下，册封十八诸侯。在楚汉战争中，兵败垓下，自刎乌江。位虽不终，仍不失为人杰。他的出现，为中国历史掀起了一场风云，留下了一段传奇。

中国古代教育智慧

刘邦

刘邦（前256—前195年），即汉高祖，西汉王朝的开国皇帝。刘邦出身寒微，为人豁达大度，知人善任。起初参加由陈胜、吴广带领的起义，不久投奔项梁。秦朝灭亡后，被楚霸王项羽封为汉王，并以蜀地为基地，和项羽展开了长达四年的楚汉之争。在谋士张良、萧何和武将韩信、彭越等的辅助下，设下十面埋伏，使得项羽在乌江自刎。次年二月，刘邦称帝，建立汉朝，重新统一了中国，中国历史揭开了新的一幕。

周氏亲自把季布送到山东朱家，朱家特意把季布交给儿子，说："你负责照管这个奴隶在田庄里劳动，他能干多少都随他的便。有一条你记着做到：他必须与你同桌吃饭！"交代清楚后，他就坐上马车到洛阳去了。

朱家来到洛阳，求见老朋友汝阴侯夏侯婴。朱家对夏侯婴说："臣子都各为其主。过去，季布是项羽手下的大将，他为项羽出力，那是在尽他的职责。如今皇上已一统天下，却要凭自己的私怨在全国通辑一个季布，怎么能表现出团结天下人共同治理国家的胸怀呢？如果季布被逼急了，北方可以投靠匈奴国，南方可以去降越国，那岂不是把名将送给敌国吗？君侯，您应该把这个道理向皇上奏明才是啊！"夏侯婴听了朱家的一席话，频频点头，他也很欣赏讲信义的季布，就决定做个顺水人情，答应了朱家的请求。夏侯婴把朱家的话原原本本地奏给刘邦。刘邦是一位胸怀广阔、从谏如流的君主，立即答应赦免了季布，并且让他做了郎中。

后来，季布又全力辅佐汉惠帝、汉文帝，为汉朝做出了很大的贡献。

孔子说："人而无信，不知其可。"做人，诚信是其根本。正是因为季布诚信守约，一诺千金，才会受人尊敬，遇到危险，处处有朋友冒着身家性命去帮助他。也因为此，季布受到汉高祖赦免，自己也成为栋梁之材，赢得了人们的尊敬和爱戴。

第三篇 八佾

【原文】

孔子谓季氏①："八佾②舞于庭，是可忍③也，孰不可忍也？"

【注释】

①季氏：鲁国正卿季孙氏，即季平子。

②八佾：佾，音yì，行列的意思。古时一佾八人，八佾就是六十四人，据《周礼》规定，只有周天子才可以使用八佾，诸侯为六佾，卿大夫为四佾，士用二佾。季氏是正卿，只能用四佾。

③可忍：指可以忍心。

【译文】

孔子谈到季氏，说："他用六十四人在自己的庭院中奏乐舞蹈，这样的事他都狠心做出来，还有什么事情不可以狠心做出来呢？"

【原文】

三家①者以《雍》②彻。子曰："'相维辟公，天子穆穆'③，奚取于三家之堂④？"

【注释】

①三家：鲁国当政的三家：孟孙氏、叔孙氏、季孙氏。他们都是鲁桓公的后代，又称"三桓"。

②《雍》：《诗经·周颂》中的一篇。古代天子祭宗庙完毕撤去祭品时唱这首诗。

《周礼》

《周礼》是儒家经典，是西周时期的著名政治家、思想家、文学家、军事家周公旦所著。《周礼》对礼法、礼仪作了最权威的记载和解释，对历代礼制的影响最为深远。《周礼》所涉及之内容极为丰富，大至天下九州，天文历象；小至沟洫道路，草木虫鱼。凡邦国建制，政法文教，礼乐兵刑，赋税度支，膳食衣饰，寝庙车马，农商医卜，工艺制作，各种名物、典章、制度，无所不包，堪称为上古文化史之宝库。

中国古代教育智慧

林放

林放，字子丘，春秋时期鲁国清河（今属山东）人，为比干第二十七世孙，传为孔子弟子中的七十二贤人之一，为孔子得意门生。

③相维辟公，天子穆穆：《雍》诗中的两句。相，助。维，语助词，无意义。辟公，指诸侯。穆穆，庄严肃穆。

④堂：接客祭祖的地方。

【译文】

孟孙氏、叔孙氏、季孙氏三家在祭祖完毕撤去祭品时，也命乐工唱《雍》这篇诗。孔子说："'助祭的是诸侯，天子严肃静穆地在那里主祭。'这样的诗，怎么能用在你们三家的庙堂里呢？"

【原文】

子曰："人而不仁，如礼何？人而不仁，如乐何？"

【译文】

孔子说："一个人没有仁德，他怎么能实行礼呢？一个人没有仁德，他怎么能运用乐呢？"

【原文】

林放①问礼之本。子曰："大哉问！礼，与其奢也，宁俭；丧，与其易②也，宁戚③。"

【注释】

①林放：鲁国人。

②易：治理。这里指有关丧葬的礼节仪式办理得很周到。

③戚：心中悲哀的意思。

【译文】

林放问什么是礼的根本。孔子回答说：

"你问的问题意义重大呀!就礼节仪式的一般情况而言,与其奢侈,不如节俭;就丧事而言,与其仪式上置办周备,不如内心真正哀伤。"

【原文】

子曰:"君子无所争,必也射①乎!揖②让而升,下而饮,其争也君子。"

【注释】

①射:原意为射箭。此处指古代的射礼。

②揖:拱手行礼,表示尊敬。

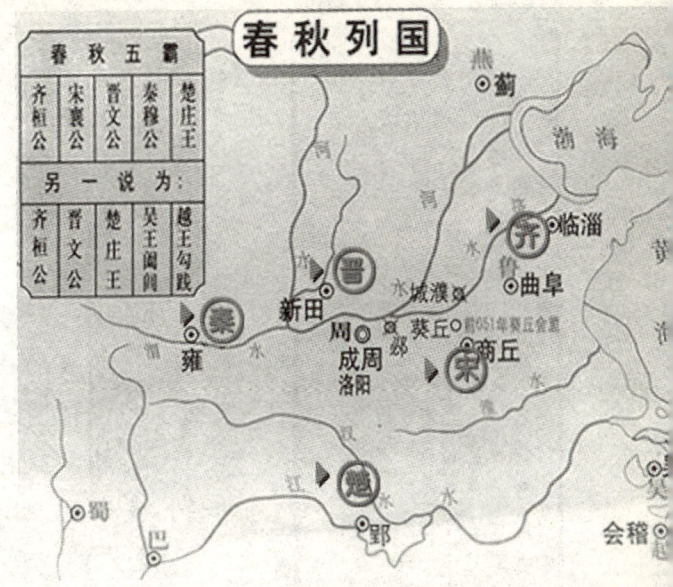

春秋列国图

【译文】

孔子说:"君子没有什么可与别人争的事情。如果有的话,那就是射箭比赛了。比赛时,先相互作揖谦让,然后上场。射完后,又相互作揖再退下来,然后登堂喝酒。这就是君子之争。"

【原文】

子曰:"夏礼,吾能言之,杞①不足徵②也;殷礼吾能言之,宋③不足徵也。文献④不足故也。足,则吾能徵之矣。"

【注释】

①杞:春秋时国名,是夏禹的后裔。在今河南杞县一带。

中国古代教育智慧

> **宋国**
>
> 宋国是中国春秋时期的一个诸侯国,位于现在河南商丘一带,都城睢阳(今河南商丘)。其疆域最大时包括河南东北部、江苏西北部、安徽北部、山东西南部。公元前1046年,周武王伐纣,商朝灭亡。武王将当时沦为奴隶的商朝贵族微子启封于宋。公元前286年,齐愍王发兵灭宋,宋最后一代君主君偃死在魏国。宋立国七百六十一年,共二十六世,三十二君。

②徵:音zhēng,证明。

③宋:春秋时国名,是商汤的后裔,在今河南商丘一带。

④文献:文,指历史典籍。献,指贤人。今日"文献"一词只指历史文件。

【译文】

孔子说:"夏朝的礼,我能说出来,杞国不足以证明我的话;殷朝的礼,我能说出来,宋国不足以证明我的话。这都是由于文字资料和熟悉夏礼和殷礼的人不够的缘故。如果足够的话,我就可以证明了。"

【原文】

子曰:"周监①于二代②,郁郁③乎文哉!吾从周。"

【注释】

①监:音jiàn,通"鉴",借鉴的意思。

②二代:指夏、商两朝。

③郁郁:文采盛貌。丰富、浓郁之意。

【译文】

孔子说:"周朝的礼仪制度借鉴于夏、商二代,是多么丰富多彩啊!我遵从周朝的制度。"

【原文】

定公①问:"君使臣,臣事君,如之何?"
孔子对曰:"君使臣以礼,臣事君以忠。"

【注释】

①定公:鲁国国君,姓姬名宋,定是谥

号。昭公之弟，继昭公而立，在位十五年（前509—前495年）。

【译文】

鲁定公问孔子："君主怎样使唤臣下，臣子怎样侍奉君主呢？"孔子回答说："君主应该按照礼的要求去使用臣子，臣子应该以忠来侍奉君主。"

【原文】

子曰："《关雎》①，乐而不淫，哀而不伤。"

【注释】

①《关雎》：雎，音jū。这是《诗经》的第一篇。此篇写一君子"追求"淑女，思念时辗转反侧、寤寐思之的忧思，以及结婚时钟鼓乐之、琴瑟友之的欢乐。

【译文】

孔子说："《关雎》这篇诗，快乐而不放荡，忧愁而不哀伤。"

【故事】

季札让国

季札是春秋时吴国人，因受封于延陵一代，又称延陵季子。他的祖先是周朝的泰伯，曾经被孔子赞美为"至德"之人。泰伯本是周朝王位继承人，但父亲太王有意传位给幼子季历以及孙子姬昌。于是泰伯就主动把王位让了出来，自己则以采药为名，逃到荒芜的荆蛮之

季札

季札，生卒年不详。又称公子札，春秋时吴国人。德行高尚，具有远见卓识。

中国古代教育智慧

丹阳季子庙

鲁襄公二十五年（前548年），季札被封于延陵，封地长带形，中心在今常州市，全部面积包括今武进县全部、丹阳县东南部和江阴县部分地区。

地，建立了吴国。

数代后，寿梦继承了吴国王位。他的四个儿子当中，以四子季札最有德行，所以寿梦一直有意要传位给他。季札的兄长也都特别疼爱他，认为季札的德行才干，最足以继承王位，所以都争相拥戴他即位。但是季札不肯受位，坚持把王位让给哥哥。

哥哥诸樊觉得自己的德能远在季札之下，一心想把持国的重任托付给他，但被季札婉言谢绝了。他说："曹国之人想拥立贤能的子臧为国君，来取代无德的曹王，但被子臧所拒绝。为了坚守臣民应有的忠义，并打消国人拥立的念头，子臧离开曹国，奔走到了宋国，使曹国的君主，仍然可以在位执政。子臧谦恭无争的美德，被人们赞美为能'守节'的盛德之人。前贤的殷鉴历历在心，国君的尊位，哪里是我季札所希求的呢？虽然我无德，但祈求追比贤圣，则是念念在心啊！"

季札的厚德感动了吴国之人，他们如同众星拱月般，一心想要拥戴季札为王。不得已之下，季札退隐于山水之间，整日躬耕劳作，以表明他坚定的志节，才彻底打消了吴人的这个念头。

有一次，吴国派遣季札出使鲁国。到了鲁国，季札听到了蔚为大观的周乐。季札以深密的感受力和卓绝的见识，透析了礼乐之教的深远蕴涵，以及周朝的盛衰之势，语惊四座，使众人为之侧目。听到《唐》，他听出了思接千载的陶唐氏遗风，听到《大雅》，他在乐曲深广的气魄里，听到了文王之德。当《魏》歌四起，那"大而宽，俭而易"的盟主之志，辉映着以德辅行的文德之教。一直到《大韶》舞起的时候，季札惊叹道：这是最令人叹为观止的至德乐章，就如同苍天无不覆盖，大地无不承载。就算是盛德之至，也无以复加了。

季札出使郑国之时，见到了子产。他们一见如故，就好像是多年的知心之交。季札对时局有着异常明晰的洞察力，临别前，他语重心长地对子产说："郑国的国君无德，在位不会很久，将来国主的王位，一定会传到你的手中。你治理郑国的时候，务必要谨慎，务必以礼来持国。否则郑国很难避免败亡的命运。"言之谆谆，当子产目送季札远去时，仍然觉得音犹在耳，心里不禁万分怅惘。

吴王诸樊一直到过世之前，都还念念不忘弟弟季札。他留下遗训，让后人将王位依次传给几位弟弟，这样最终就能传到幼弟季札的手里，以满先王寿梦生前的遗愿。继位的吴王夷昧临终前，要把王位传给季札，但被季札再一次拒绝了。为了表明自己坚定的决心，他再度归隐而去。

大历史学家司马迁赞美季札是一位"见微而知清浊"的仁德之人。季札不愧为贤者，他的谦恭礼让、非凡气宇和远见卓识，一直在中国历史的长空中闪耀不绝。

季子亭

季札是常州的人文始祖，被公认为"延陵第一人"。季札让国、观乐、挂剑、守仁、救陈的故事，已经流传两千多年了。为表示对这位古城奠基人的崇敬和怀念，后人在常州修建了季子亭。

> **仁**
>
> "仁"是中国古代一种含义极广的道德范畴。"仁"的最初含义是指人与人的一种亲善关系。孔子把"仁"作为最高的道德原则、道德标准和道德境界。他第一个把整体的道德规范集于一体,形成了以"仁"为核心的伦理思想结构,它包括孝、弟(悌)、忠、恕、礼、知、勇、恭、宽、信、敏、惠等内容。仁的内容包含甚广,核心是爱人。仁字从人从二,也就是人们互存、互助、互爱的意思,故其基本含义是指对他人的尊重和友爱。"仁"是儒家学说的核心,对中华文化和社会的发展产生了重大影响。

第四篇　里仁

【原文】

子曰:"里仁为美①。择不处②仁,焉得知③?"

【注释】

①里仁为美:里,住处,借作动词用。里仁为美,住在有仁者的地方才好。

②处:居住。

③知:音zhī,通"智"。

【译文】

孔子说:"跟有仁德的人住在一起,才是好的。如果你选择的住处不是跟有仁德的人在一起,怎么能说你是明智的呢?"

【原文】

子曰:"不仁者不可以久处约①,不可以长处乐。仁者安仁②,知者利仁③。"

【注释】

①约:穷困,困窘。

②安仁:安于仁道。

③利仁:认为仁有利自己才去行仁。

【译文】

孔子说:"没有仁德的人不能长久地处在贫困中,也不能长久地处在安乐中。仁人是安于仁道的,有智慧的人则是知道仁对自己有利才去行仁的。"

【原文】

子曰:"唯仁者能好①人,能恶②人。"

【注释】

①好:音hào,喜爱的意思。作动词。

②恶:音wù,憎恶,讨厌。作动词。

【译文】

孔子说:"只有那些有仁德的人,才能够喜爱人和厌恶人。"

【原文】

子曰:"苟志于仁矣,无恶也。"

【译文】

孔子说:"如果立志于仁,就不会做坏事了。"

【原文】

子曰:"富与贵,是人之所欲①也,不以其道得之,不处②也;贫与贱,是人之所恶也,不以其道得之,不去也。君子去仁,恶乎③成名?君子无终食之间④违仁,造次⑤必于是,颠沛必于是。"

【注释】

①欲:喜欢,想要得到。

②处:居于富贵的地位。

③恶乎:怎么能。

④终食之间:一顿饭的时间,比喻短促。

⑤造次:仓促、匆忙。

【译文】

孔子说:"富裕和显贵是人人都想要得到

论语的教育智慧

水阁清幽图

此图出自元代画家黄公望之手,写深山隐居之景。远处峦峰坡石跌宕交错,丛树虚漾隐约。溪水自林木丛中绕过隐落的山房,蜿蜒而前。溪岸两旁,杂木繁茂,枝叶葱郁,青翠欲滴。在构图及用笔上,旨在描绘淡然、静寂的意境。

中国古代教育智慧

橙黄橘绿图

此画为北宋画家赵令穰所作。图绘江湖平远小景,湖庄临岸,垂柳拂溪,堤坡绿树成荫,境界幽美恬静。幽静的环境,郁葱的山川,清润的气息。用笔质朴,墨色融和,形成自然、朴实、细谨的格调,充分反映了画家表现客观美景的心态。

的,但不用正当的方法得到它,就不会去享受的;贫穷与低贱是人人都厌恶的,但不用正当的方法去摆脱它,就不会摆脱的。君子如果离开了仁德,又怎么能叫君子呢?君子在一顿饭的时间内都不会背离仁德的,就是在最紧迫的时刻也必须按照仁德办事,就是在颠沛流离的时候,也一定会按仁德去办事的。"

【原文】

子曰:"我未见好仁者,恶不仁者。好仁者,无以尚①之;恶不仁者,其为仁矣②,不使不仁者加乎其身。有能一日用其力于仁矣乎?我未见力不足者。盖③有之矣,我未之见也。"

【注释】

①尚:动词,超过之意。

②矣:用法同"也",表示停顿。

③盖:副词,大概的意思。

【译文】

孔子说:"我没有见过爱好仁德的人,也没有见过厌恶不仁的人。爱好仁德的人,是不能再好的了;厌恶不仁的人,在实行仁德的时候,不让不仁德的人影响自己。有能一天把自己的力量用在实行仁德上吗?我还没有看见力量不够的。这种人可能还是有的,但我没见过。"

论语的教育智慧

【原文】

子曰："人之过也，各于其党。观过，斯知仁矣。"

【译文】

孔子说："人们的错误，总是与他那个集团的人所犯错误性质是一样的。所以，考察一个人所犯的错误，就可以知道他有没有仁德了。"

【原文】

子曰："朝闻道，夕死可矣。"

【译文】

孔子说："早晨得知了道，就是当天晚上死去也心甘。"

【原文】

子曰："君子怀①德，小人怀土②；君子怀刑③，小人怀惠。"

【注释】

①怀：思念。

②土：乡土。

③刑：法制惩罚。

【译文】

孔子说："君子思念的是道德，小人思念的是乡土；君子想的是法度，小人想的是恩惠。"

【原文】

子曰："能以礼让为国乎，何有①？不能以礼让为国，如礼何②？"

洞天问道图

此图为明代戴进所作，纵210.5厘米，横83厘米，现由北京故宫博物院藏。此图拟写皇帝至崆峒山向广成子问道的故事。图中山谷险道通往洞天，左侧峰突兀，右边长松茂蔚。山石用斧劈皴，人物作琴弦描，结构严谨，笔法秀劲，系南宋院体画法，属于戴进前期比较精微、优秀的佳作。

中国古代教育智慧

曾子塑像

曾参，字子舆，门人尊称为曾子，著述有《大学》《孝经》等儒家经典，后世儒家尊他为"宗圣"。他是孔子学说的主要继承人和传播者，在儒家文化中居有承上启下的重要地位。

【注释】

①何有：意为"何难之有"，即不难的意思。

②如礼何：把礼怎么办？

【译文】

孔子说："能够用礼让原则来治理国家，那还有什么困难呢？不能用礼让原则来治理国家，怎么能实行礼呢？"

【原文】

子曰："参①乎！吾道一以贯之②。"曾子曰："唯③。"

子出，门人问曰："何谓也？"曾子曰："夫子之道，忠恕④而已矣。"

【注释】

①参：曾参。

②一以贯之："以一贯之"的倒装。贯，贯穿，贯通。

③唯：是。

④忠恕：忠诚和宽恕。

【译文】

孔子说："参呀！我讲的道是由一个基本的思想贯彻始终的。"曾子说："是。"

孔子出去之后，同学便问曾子："这是什么意思？"曾子说："老师的学说，只是忠和恕罢了。"

【故事】

孔子的忠恕之道

有一次，孔子给学生上课，他跟他的学生曾子说："我讲的道一以贯之，你知道是什么吗？"孔子是在问他做人做事永远不变的原则。曾子就心领神会："我明白。"等老师走出去后，曾子的同门师兄弟就问他，老师说一以贯之的到底是什么呀？曾子解释说："夫子之道，'忠恕'而已。"曾子是在说孔子一生做人做事的根本就是忠恕两个字。

曾子不愧是孔子的高足，他非常了解老师的心意。孔子思想的核心是"仁"，而"仁"的真谛在于"忠恕"。

忠是从积极的方面说，也就是孔子在《论语·雍也》篇里所说的："己欲立而立人，己欲达而达人。"自己想有所作为，也尽心尽力地让别人有所作为；自己想飞黄腾达，也尽心尽力地让别人飞黄腾达。这其实也就是人们通常所理解的待人忠心的意思。曾子曰："吾日三省吾身，为人谋而不忠乎？与朋友交而不信乎？传不习乎？"此句中的"为人谋而不忠乎"中的"忠"，即是反省自己为别人办事是否做到了全心全力、推己及人。

恕是从消极的方面说，也就是孔子在《论语·卫灵公》篇里回答子贡时"有一言而可以终身行之者乎？"的问题时所说的："其恕乎！己所不欲，勿施于人。"自己不愿意的

曾庙乾隆御牌亭

曾庙，又称曾子庙、宗圣庙，是历代祭祀孔子著名高足曾参的专庙。曾庙始建于周考王十五年（前426年），原名"忠孝祠"。明正统九年（1444年）重建后改称"宗圣庙"。乾隆十三年（1748年），清高宗乾隆御书"宗圣曾子"赞，派官员到曾庙祭曾立石。乾隆四十九年（1784年）曾子六十九代孙曾毓尊迁立于宗圣殿前，并建亭保护。

中国古代教育智慧

孔子与叶公论人

公元前489年,孔子率众弟子周游列国时,专程到叶地(今河南叶县)拜访叶公。期间,孔子和叶公就何谓忠诚的为人标准进行讨论。叶公说:"吾党有直躬者,其父攘羊,而子证之。"孔子却不以为然地说:"吾党之直者异于是,父为子隐,子为父隐,直在其中。"

事,不要强加给别人。

曾子每日反省自己:"为人谋而不忠乎?"孔门所谓"忠"实也包含"恕"的意思,因为在儒家的"推其所欲以及于人"的思想中内在地包含着"推其所不欲而勿施于人"的思想。《论语·子路》篇中记载孔子的弟子樊迟向孔子问怎么才能做到仁。孔子说:"居处恭,执事敬,与人忠。虽之夷狄,不可弃也。"孔子是说平日的言行举止端正庄严,从事工作严肃认真,忠实诚恳,即使去到文化落后的地方,这些原则都不可离弃的。此处的"与人忠"就可以理解为"与人忠恕"。也就是说,真正的"忠"是包含着"恕"为基础的。

总的来说,忠恕之道就是人们常说的将心比己,推己及人。所谓人心都是相同的,自己想做的事情,想要追求、得到的东西,要想到别人也是这么想的;自己不想做、不愿意做的事情,也要考虑到别人也是这样想的。忠恕就是以待自己的态度对待别人。今天在中小学生中开展"心中有他人的活动"。从某种意义上说,正是推行的忠恕之道。推而广之,所谓"让世界充满爱",也是忠恕之道的体现。

忠恕之道是孔子思想一以贯之的一个原则,其意义深广久远,具有现代意义。它是一种人与人、人与环境相处的平等精神,对于促进当今世界的和平乃至保护人类的生态环境都具有重要的意义。

第五篇　公冶长

【原文】

子谓公冶长①："可妻也。虽在缧绁②之中，非其罪也。"以其子③妻之。

【注释】

①公冶长：姓公冶名长，齐国人，孔子的弟子。

②缧绁：音léi xiè，捆绑犯人用的绳索，这里借指牢狱。

③子：古时无论儿、女均称子。

【译文】

孔子说公冶长："可以把女儿嫁给他。他虽然被关在牢狱里，但这并不是他的罪过呀。"于是，孔子就把自己的女儿嫁给了他。

【原文】

子谓南容①："邦有道②，不废③；邦无道，免于刑戮④。"以其兄之子妻之。

【注释】

①南容：姓南宫名适（kuò），字子容。孔子的学生，通称他为南容。

②道：孔子这里所讲的道，是说国家的政治符合最高的和最好的原则。

③废：废置，不任用。

④刑戮：刑罚。

公冶长

公冶长（前519—前470年），名长，字子长，春秋时齐国人。为孔子弟子，七十二贤人之一，名列二十。自幼家贫，勤俭节约，聪颖好学，博通书礼。因德才兼备，深为孔子赏识。公冶长一生治学，鲁国国君多次请他为大夫，但他一概不应，而是继承孔子遗志，教学育人，成为著名文士。

中国古代教育智慧

南宫适

南宫适，即南容，春秋末年鲁国人。他言语谨慎，崇尚道德，以智自将，世清不废，世浊不污。孔子称赞他是"君子""尚德"之人，并把哥哥的女儿嫁给了他。唐开元二十七年（739年）追封"郯伯"。宋大中祥符二年（1009年）加封"龚丘侯"，政和六年（1116年）改称"汝阳侯"。明嘉靖九年（1530年）改称"先贤南宫子"。

【译文】

孔子评论南容说："国家有道时，他有官做；国家无道时，他也可以免去刑戮。"于是把自己的侄女嫁给了他。

【原文】

子谓子贱①："君子哉若人②！鲁无君子者，斯焉取斯③？"

【注释】

①子贱：姓宓（fú）名不齐，字子贱。生于公元前521年，比孔子小三十岁。

②若人：这个，此人。

③斯焉取斯：斯，此。第一个"斯"指子贱，第二个"斯"指子贱的品德。

【译文】

孔子评论子贱说："这个人真是个君子呀！如果鲁国没有君子的话，他是从哪里学到这种品德的呢？"

【原文】

子贡问曰："赐也何如？"子曰："女，器也。"曰："何器也？"曰："瑚琏①也。"

【注释】

①瑚琏：古代祭祀时盛粮食用的器具。

【译文】

子贡问孔子："我这个人怎么样？"孔子说："你呀，好比一个器具。"子贡又问："是什么器具呢？"孔子说："是瑚琏。"

论语的教育智慧

【原文】

或曰："雍①也仁而不佞②。"子曰："焉用佞？御人以口给③，屡憎于人。不知其仁④，焉用佞？"

【注释】

①雍：姓冉名雍，字仲弓，生于公元前522年，孔子的学生。

②佞：音nìng，能言善辩，有口才。

③口给：言语便捷、嘴快话多。

④不知其仁：指有口才者有仁与否不可知。

【译文】

有人说："冉雍这个人有仁德但不善辩。"孔子说："何必要能言善辩呢？靠伶牙利齿和人辩论，常常招致别人的讨厌。这样的人我不知道他能不能做到仁，但何必要能言善辩呢？"

【原文】

子使漆雕开①仕。对曰："吾斯之未能信。"子说②。

【注释】

①漆雕开：姓漆雕名开，字子开，生于公元前540年，孔子的学生。

②说：音yuè，同"悦"。

【译文】

孔子让漆雕开去做官。漆雕开回答说："我对做官这件事还没有信心。"孔子听了很

冉雍

冉雍（前522—？）字仲弓，山东菏泽市冉贤集人，孔子弟子，与冉耕（伯牛）、冉求（子有）皆在孔门十哲之列，世称"一门三贤"，当地人称为"三冉"。

中国古代教育智慧

子贡

子贡是孔门七十二贤人之一,语言能力很强,孔子曾称其为"瑚琏之器"。他利口巧辞,善于雄辩,且有干济才,办事通达。曾任鲁、卫两国之相。他还善于经商之道,曾经经商于曹、鲁两国之间,富致千金。为孔子弟子中首富。

高兴。

【原文】

子曰:"道不行,乘桴①浮于海,从②我者,其由与!"子路闻之喜。子曰:"由也好勇过我,无所取材。"

【注释】

①桴:音fú,用来过河的木筏子。
②从:跟随,随从。

【译文】

孔子说:"如果我的主张行不通,我就乘上木筏子到海外去。能跟从我的大概只有仲由吧!"子路听到这话很高兴。孔子说:"仲由啊,好勇超过了我,但你不知道怎么裁度事理。"

【原文】

子谓子贡曰:"女与回也孰愈①?"对曰:"赐也何敢望回?回也闻一以知十②,赐也闻一以知二。"子曰:"弗如也,吾与③女弗如也。"

【注释】

①愈:胜过,超过。
②十:指数的全体。
③与:赞同,同意。

【译文】

孔子对子贡说:"你和颜回两个相比,谁更好一些呢?"子贡回答说:"我怎么敢和颜回相比呢?颜回他听到一件事就可以推知十件事。我呢，知道一件事，只能推知两件事。"孔子说："是不如他呀。我同意你说的，你不如他。"

【原文】

子曰："伯夷、叔齐①不念旧恶②，怨是用希③。"

【注释】

①伯夷、叔齐：殷朝末年孤竹君的两个儿子。父亲死后，二人互相让位，都逃到周文王那里。周武王起兵伐纣，他们认为这是以臣弑君，是不忠不孝的行为，曾加以拦阻。周灭商统一天下后，他们以吃周朝的粮食为耻，逃进深山中以野草充饥，饿死在首阳山中。

②恶：嫌隙，仇恨。

③希：同"稀"。

【译文】

孔子说："伯夷、叔齐两个人不记人家过去的仇恨，别人对他们的怨恨也就少。"

【故事】

曹操不念旧恶成大业

曹操（155—220年），字孟德，沛国谯县（今安徽亳州）人，即魏武帝，东汉末年杰出的政治家、军事家、诗人。曹操胸怀天下，唯才是举，麾下聚集了很多文臣武将。

大将张辽在吕布手下时，武勇过人，多次让曹操吃了苦头。后来张辽与吕布一同被曹操

曹操

曹操多有才干，在政治军事方面，他消灭了北方的众多割据势力，统一了中国北方大部分区域，奠定了曹魏立国的基础。文学方面，在曹操父子的推动下形成了以曹氏父子为代表的建安文学，史称建安风骨，曹操、曹丕、曹植并称"三曹"，在文学史上留下了光辉的一笔。

中国古代教育智慧

张辽

张辽（169—222年），字文远，雁门马邑（今山西朔城区大夫庄）人，三国时魏名将。初追随吕布，后归顺曹操。他使一把大刀，武功高强，又谋略过人，多次建立奇功，还有着武将少有的突出的语言才能。与乐进、于禁、张郃、徐晃并称曹魏的"五子良将"。官至征东将军、晋阳侯。

所俘虏。吕布贪生怕死，向曹操求饶。张辽听到了，非常鄙夷吕布，在外大叫道："吕布匹夫！死则死矣！有什么怕的！"曹操对张辽说："这位将军好像你很面熟呀？"张辽说："可惜当天的火不大，没有烧死你这国贼！"曹操大怒道："你是我手下败将，怎么还敢侮辱我！"拔出剑来，要杀死张辽。张辽一点也不害怕，伸出脖子在那里等着。这时，刘备、关羽都为张辽说情，曹操就扔了剑，亲自为张辽解开绳索，脱下自己的衣服给他穿上，张辽很感激曹操不念旧恶，就归顺了曹操。曹操封张辽为中郎将。

归从曹操后，张辽随军征讨，在与袁绍父子的较量中，跟随曹操南征北战，东打西杀，成为曹操手下的著名大将，为剿灭袁氏集团立下了汗马功劳。他用"三罪"说劝服关羽，最终使关羽暂时投降了曹操。曹操待他如亲信，备加礼遇。在赤壁大战中，曹操处境艰难，多亏张辽死命救护，才得以安全逃回营中。

陈琳为袁绍撰写讨伐曹操的檄文，其辞锋锐利，令曹操全身发汗，头痛与风寒症豁然而愈，官渡之战结束后，曹操仍然聘用陈琳担任文官职务。假如陈琳死于一文之旧恶，那么中国文学史上的"建安七子"就变成"六子"了。

非但如此,曹操还宽恕并重用了偷袭曹氏军部、杀死曹操的爱将典韦、儿子曹昂、侄儿曹安民的西凉军团领袖张绣,此后张绣率领所属兵马在官渡决战与荆州战役中,参与战争的同时,还为曹氏收集大量情报,为曹氏的统一事业做出巨大的贡献。

在官渡之战中,曹操实力单薄,而袁绍兵强马壮,连曹操也有退兵之意。在与袁绍酣战之时,曹操的手下有很多人与袁绍暗通款曲。后来,曹操大败袁绍后,发现了谋士许都和军中很多人与袁绍的来往书信,部将建议逐一点名,收而杀之。曹操却认为当时袁绍实力强大,胜利在望,他自己都快要不能自保,何况他人呢?于是,曹操下令把手下与袁绍暗通的书信全部付之一炬,不再追究此事。那些原想投降袁绍的手下,此后无一不对曹操忠心耿耿。所有这些,都表现出曹操用人的气度和肚量。

著名史学家陈寿在《三国志》中评价曹操:"官方授材,各因其器,矫情任算,不念旧恶,终能总御皇机,克成洪业者,惟其明略最优也。抑可谓非常之人,超世之杰矣。"给曹操广阔的胸襟予以极大的肯定,

曹操不念旧恶,以他的宽容胸怀,赢得天下英雄与之并肩奋战,统一并安定了中国北方。曹操也因此成为中国历史上伟大的政治家、军事家。

陈寿

陈寿(233—297年),字承祚,西晋巴西安汉(今四川南充)人。他少时好学,师从同郡学者谯周,在蜀汉时曾任观阁令史,入晋以后,历任著作郎、治书待御史等职。编有《诸葛武侯集》,又撰《三国志》六十五卷,长于叙事,人称有良史之才。

林下鸣琴图

此图为元代画家朱德润所作。图绘天旷气清，树叶尽落，群雁低回。三位高士坐长松下，一人抚琴，二人谈论正浓，松风琴韵，表现了文人的逸兴。

第六篇　雍也

【原文】

子曰："雍也可使南面。"

【译文】

孔子说："冉雍这个人，可以让他去做官。"

【原文】

仲弓问子桑伯子①。子曰："可也，简②。"

仲弓曰："居敬③而行简④，以临⑤其民，不亦可乎？居简而行简，无乃⑥大⑦简乎？"子曰："雍之言然。"

【注释】

①桑伯子：人名，此人生平不可考。

②简：简要，不烦琐。

③居敬：为人严肃认真，依礼严格要求自己。

④行简：指推行政事简而不繁。

⑤临：面临，面对。此处有"治理"的意思。

⑥无乃：岂不是。只用于反问句。

⑦大：同"太"。

【译文】

仲弓问孔子：子桑伯子这个人怎么样。孔子说："此人还可以，办事简要而不烦琐。"

论语的教育智慧

仲弓说:"居心恭敬严肃而行事简要,像这样来治理百姓,不是也可以吗?但是自己马马虎虎,又以简要的方法办事,这岂不是太简单了吗?"孔子说:"冉雍,这话你说得对。"

【原文】

哀公问:"弟子孰为好学?"孔子对曰:"有颜回者好学,不迁怒①,不贰过②,不幸短命死矣③。今也则亡④,未闻好学者也。"

【注释】

①不迁怒:不把对此人的怒气发泄到彼人身上。

②不贰过:"贰"是重复、一再的意思。这是说不犯同样的错误。

③短命死矣:颜回死时年仅三十一岁。

④亡:通"无"。

【译文】

鲁哀公问孔子:"你的学生中谁是最好学的呢?"孔子回答说:"有一个叫颜回的学生好学,他从不迁怒于别人,也从不重犯同样的过错。不幸短命死了。现在没有那样的人了,没有听说谁是好学的。"

【原文】

子华①使于齐,冉子②为其母请粟③。子曰:"与之釜④。"

请益。曰:"与之庾⑤。"

冉子与之粟五秉。

子曰:"赤之适齐也,乘肥马,衣轻裘。

阔渚晴峰图

此图为明代画家李在所作。李在,生卒年不详,字以政,莆田(今属福建)人。迁云南,后召入京。宣宗宣德时与戴进、谢环等人同值仁智殿。工画山水,兼工人物。传世作品有《琴高乘鲁图》《阔渚晴峰图》《归去来兮图》等。此图描写北方山川雄伟高大的景象。线条粗重,水墨浑厚,完全体现了北方山水画派的特色。

吾闻之也，君子周⑥急不继富。"

【注释】

①子华：姓公西名赤，字子华，孔子的学生，比孔子小四十二岁。

②冉子：冉有，在《论语》书中被孔子弟子称为"子"的只有四五个人，冉有即在其中。

③粟：在古文中，粟与米连用时，粟指带壳的谷粒，去壳以后叫作米；粟字单用时，就是指米了。

④釜：音fǔ，古代量名，一釜约等于六斗四升。

⑤庾：音yǔ，古代量名，一庾等于二斗四升。

⑥周：周济，救济。

【译文】

子华出使齐国，冉求替他的母亲向孔子请求补助一些谷米。孔子说："给他六斗四升。"

冉求请求再增加一些。孔子说："再给他二斗四升。"

冉求却给他八十斛。

孔子说："公西赤到齐国去，乘坐着肥马驾的车子，穿着又暖和又轻便的皮袍。我听说过，君子只是周济急需救济的人，而不是周济富人的人。"

【原文】

原思①为之宰②，与之粟九百③，辞。子曰：

公西赤

公西赤，生于公元前509年，春秋末年鲁国人，孔子弟子七十二贤人之一。在孔子弟子中，公西赤以长于祭祀之礼、宾客之礼著称，且善于交际，曾"乘肥马，衣轻裘"，到齐国活动。唐开元二十七年（739年）追封"邵伯"。宋大中祥符二年（1009年）加封"钜野侯"。明嘉靖九年（1530年）改称"先贤公西子"。

"毋！以与尔邻里乡党④乎！"

【注释】

①原思：姓原名宪，字子思，鲁国人。孔子的学生，生于公元前515年。孔子在鲁国任司法官的时候，原思曾做他家的总管。

②宰：家宰，管家。

③九百：没有说明单位是什么，可能是"斗"，也可能是"斛"。

④邻里乡党：相传古代以五家为邻，二十五家为里，一万二千五百家为乡，五百家为党。此处指原思的同乡，或家乡周围的百姓。

【译文】

原思给孔子家当总管，孔子给他俸米九百，原思推辞不要。孔子说："不要推辞！给你的乡亲们吧！"

【原文】

子曰："回也，其心三月①不违仁，其余则日月②至焉而已矣。"

【注释】

①三月：指较长的时间。

②日月：指较短的时间。

【译文】

孔子说："颜回这个人，他的心可以在长时间内不离开仁德，其余的学生则只能在短时间内做到仁而已。"

【原文】

季康子①问："仲由可使从政也与？"子

秋舸清啸图

此画为元代画家盛懋所作。图绘远景山峦平缓，近岸陂陀上树木列植，枝叶茂盛。一艘篷舟缓缓驶来，舟首一位逸士正仰天长啸，身前置放酒皿瓷碗，身后古玩横陈，船尾一童子摇橹。从此逸士的形象看，可能是魏晋时"嗜酒能啸"并善鼓琴的"竹林七贤"之一阮籍的写照。

中国古代教育智慧

季康子

季康子（？—前468年），春秋末战国初鲁国人。季孙氏，名肥，谥号康。季桓子之子。公元前492年季桓子死后，由季康子主持鲁国国政。鲁哀公七年（前488年），鲁、吴会于鄫（今山东苍山西北），吴令鲁用百牢（牺牲，周礼最多十二），鲁被迫遵行，季康子不赴会。吴太宰伯（喜否）召之。他使子贡拒之。又伐邾，纵师房掠，鲁哀公十一年（前488年），齐攻鲁，他使冉求率师击退。在冉求的努力下，接孔子返鲁。孔子回到鲁国后，季康子向孔子打听他的学生怎么样，孔子坦率地向季康子推介他的学生。

曰："由也果②，于从政乎何有？"

曰："赐也可使从政也与？"曰："赐也达③，于从政乎何有？"

曰："求也可使从政也与？"曰："求也艺④，于从政乎何有？"

【注释】

①季康子：他在公元前492年继其父为鲁国正卿，此时孔子正在各地游说。八年以后，孔子返回鲁国，冉求正在帮助季康子推行革新措施。孔子于是对此三人做出了评价。

②果：果断，决断。

③达：通达，顺畅。

④艺：有才能技艺。

【译文】

季康子问孔子："仲由这个人，可以让他管理国家政事吗？"孔子说："仲由做事果断，对于管理国家政事有什么困难呢？"

季康子又问："端木赐这个人，可以让他管理国家政事吗？"孔子说："端木赐通达事理，对于管理政事有什么困难呢？"

又问："冉求这个人，可以让他管理国家政事吗？"孔子说："冉求有才能，对于管理国家政事有什么困难呢？"

【原文】

子曰："贤哉，回也！一箪①食，一瓢饮，在陋巷②，人不堪其忧，回也不改其乐③。贤哉，回也！"

【注释】

①箪：音dān，古代盛饭用的竹器，圆形。
②巷：此处指颜回的住处。
③乐：乐于学。

【译文】

孔子说："颜回的品质是多么高尚啊！一箪饭，一瓢水，住在简陋的小屋里，别人都忍受不了这种穷困清苦，颜回却没有改变他好学的乐趣。颜回的品质是多么高尚啊！"

【故事】

安贫乐道的原宪

孔子多次称赞他的弟子颜回在简单粗糙的环境中始终不改其志，一直好学奋进，不过多在意物质的东西，即使生活清苦困顿也能自得其乐。其实，孔子的弟子原宪也是这样一位安贫乐道的君子。

孔子发现弟子原宪很会理财，就让他做了学馆里的总管。有一年春节，原宪准备回去和家人团聚，孔子见原宪平日十分辛苦，决定给他一些小米带回家过年，原宪却坚辞不要。

孔子说："不要推辞了，如果你家用不完，就送给你家乡的穷人吧。"

这样，原宪才接受了孔子赠给的小米。

原宪学习刻苦勤奋，孔子的许多思想都被他全盘接受。最后因为孔子的一句话，决定了他终生安贫乐道、矢志不移的取向。

原宪

原宪（前515—？），字子思，为孔门弟子七十二贤人之一。原宪出身贫寒，个性狷介，一生安贫乐道，不肯与世俗合流。孔子为鲁司寇时，曾做过孔子的家臣，孔子给他九百斛的俸禄，他推辞不要。孔子死后，原宪隐居卫国，茅屋瓦牖，粗茶淡饭，生活极为清苦。他为人清正，不贪财，不求仕，在孔子弟子中以安贫乐道著称。

中国古代教育智慧

子贡手植楷

传孔子逝世后，子贡奔丧植楷树于此。树西有"子贡手植楷"石碑一通，楷树东侧有楷亭，为纪念子贡手植楷树而建。

那是一次师生间的闲谈。原宪问孔子："什么是可耻的？"

孔子告诉他："你要坚守自己的信仰，国家政治清明时，有才之人应当竭尽全力为国效忠，出来做官领领俸禄。如果国家政治黑暗，最好隐退。"

原宪把孔子的话铭记于心。孔子死后，他才三十岁，正是精力旺盛、年富力强的时候。可他看到四方各国都是坏人当道、好人遭殃的形势，找不到一处清明的做官场所，于是隐居到卫国的草泽之中，过着自食其力、孤灯苦读的清贫生活。

十几年后，子贡做了卫国国相。当他打听到同学原宪的住处后，便乘坐豪华的马车，率领大队人马，来到草泽之野。子贡见无路可行，就派随从军士砍伐荆棘，清除地面的草藤污泥，铺设出一条宽阔的道路。然后，子贡乘车，前呼后拥地来到原宪的茅舍。

子贡下了车，趾高气扬地嚷道："屋里有人吗？"

原宪手捧书本，衣衫破烂、鞋帽不整地从低矮的茅屋里钻出来，双目无神地盯着子贡。

子贡见状，讥笑着说："老同学不认识我了吗？看你这无精打采的样子，是不是有病呀？"

原宪说："我先前听咱老师说，没有多余的财富是贫穷，学习了仁义道德而不仁义的人才是病态。我原宪虽然贫穷，但乐于孔子之道。因此不是我病了，而是你病了吧。"

子贡见原宪连讽带刺，十分恼怒，便把准备送给原宪的物品统统丢进沼泽，扭头走了。从此，再也不向别人谈起此事。

不因困厄而弃道德，不因喧嚣而慕富贵，不因穷达而失气节，其心其身必定恬然自得。直到今天，却仍有许多人，陷身于名利富贵的诱惑里，想要自拔而不能。

端木子贡

子贡（前520—前456年），姓端木，名赐，字子贡，另字子赣，春秋末卫国黎地（今浚县）人。他十七岁拜孔子为师，深得孔子学说真谛和儒家思想精髓，被崇誉为"孔门十哲"之一。他是儒家思想的成功传播者和伟大实践者，被誉为"孝圣"，还是春秋战国时著名的思想家、外交家、纵横家，同时他创业经商，是儒家首富，成为"中华儒商第一人"。

第七篇 述而

【原文】

子曰："述而不作①，信而好古，窃②比于我老彭③。"

【注释】

①述而不作：述，传述。作，创造。
②窃：私自，私下。
③老彭：人名。有的说是老子和彭祖两个人，有的说是殷商时代的彭祖，又有人说孔子说"我的老彭"，其人一定和孔子相当亲密，未必是古人。

【译文】

孔子说："只阐述而不创作，相信而且喜好古代的东西，我私下把自己比作老彭。"

【原文】

子曰："默而识①之，学而不厌，诲②人不倦，何有于我哉③？"

【注释】

①识：音zhì，记住的意思。
②诲：教诲。
③何有于我哉：对我有什么难呢？

【译文】

孔子说："默默地记住（所学的知识），学习不觉得厌烦，教人不知道疲倦，这对我能有什么困难呢？"

草堂艺菊图

此画是清代画家高凤翰的作品。以疏毫写草堂，细笔写修篁淡菊、老梅乔松。一翁策杖而行，当为画家自写。景物简繁错落，各得其所，布置极为精当。尤为可观者，是以精秀之笔，写出萧疏淡泊之气，实为大家手笔。

【原文】

子曰:"德之不修,学之不讲,闻义不能徙①,不善不能改,是吾忧也。"

【注释】

①徙:音xǐ,迁移。此处指迁往、向往。

【译文】

孔子说:"(许多人)对品德不去修养,学问不去讲求,听到义不能去做,有了不善的事不能改正,这些都是我所忧虑的事情。"

【原文】

子之燕居①,申申②如也,夭夭③如也。

【注释】

①燕居:安居,家居,闲居。

②申申:衣冠整洁。

③夭夭:斯文、舒畅的样子。

【译文】

孔子闲居在家里的时候,衣冠楚楚,仪态温和舒畅,悠闲自在。

【原文】

子曰:"甚矣吾衰也!久矣吾不复梦见周公①!"

【注释】

①周公:姓姬名旦,周文王的儿子,周武王的弟弟,成王的叔父,鲁国国君的始祖,传说是西周典章制度的制定者,他是孔子所崇拜的所谓"圣人"之一。

周公像

中国古代教育智慧

> **古代六艺**
>
> 六艺出自《周礼·保氏》:"养国子以道,乃教之六艺:一曰五礼,二曰六乐,三曰五射,四曰五御,五曰六书,六曰九数。"六艺是中国古代儒家要求学生掌握的六种基本才能:礼、乐、射、御、书、数。礼指礼节(即今德育),乐指音乐,射指射箭技术,御指驾驭马车的技术,书即是书法(书写、识字、文字),数是算法(计数)。

【译文】

孔子说:"我衰老得很厉害了!我好久没有梦见周公了!"

【原文】

子曰:"志于道,据于德①,依于仁,游于艺②。"

【注释】

①德:能把道贯彻到自己心中而不失掉就叫德。

②艺:艺指孔子教授学生的礼、乐、射、御、书、数等六艺,都是日常所用。

【译文】

孔子说:"以道为志向,以德为根据,以仁为凭借,活动于(礼、乐等)六艺的范围之中。"

【原文】

子曰:"自行束脩①以上,吾未尝无诲焉。"

【注释】

①束脩:脩,音xiū,干肉,又叫脯。束脩就是十条干肉。孔子要求他的学生,初次见面时要拿十条干肉作为学费。后来,就把学生送给老师的学费叫作"束脩"。

【译文】

孔子说:"只要自愿拿着十条干肉为礼来见我的人,我从来没有不给他教诲的。"

【原文】

子曰："不愤①不启，不悱②不发。举一隅③不以三隅反，则不复也。"

【注释】

①愤：苦思冥想而仍然领会不了的样子。

②悱：音fěi，想说又不能明确说出来的样子。

③隅：角落。

【译文】

孔子说："教导学生，不到他想弄明白而不得的时候，不去开导他；不到他想出来却说不出来的时候，不去启发他。教给他一个方面的东西，他却不能由此而推知其他三个方面的东西，那就不再教他了。"

【原文】

子曰："富①而可求②也，虽执鞭之士③，吾亦为之。如不可求，从吾所好。"

【注释】

①富：指升官发财。

②求：指合于道，可以去求。

③执鞭之士：古代为天子、诸侯和官员出入时手执皮鞭开路的人。意思指地位低下的职事。

【译文】

孔子说："如果富贵合乎于道就可以去追求，虽然是给人执鞭的下等差事，我也愿意去做。如果富贵不合于道就不必去追求，那就

启发式教学

启发式教学作为一种方法，古已有之，孔子精辟地概括为"不愤不启，不悱不发"。在西方，比孔子晚几十年的苏格拉底提出了"产婆术"，就是通过问答、交谈、争辩的方法来宣传自己的观点，从而使学生在与自己的语言和交锋中"自我生成"正确结论。孔子反对"填鸭式""满堂灌"的做法。要求在学生独立思考的基础上，再对他们进行启发、开导，从而使学生能够做到"举一反三"。这是符合教学基本规律的，而且具有深远的影响，两千多年来，被广大教育工作者所沿用。

中国古代教育智慧

孔子闻《韶》处

孔子在齐国,遇到吴国大夫吴季札,孔子与其论乐,谈到韶乐与武乐的问题,二人话甚投机。孔子在齐国,整整学了三个月的《韶》乐,孔子十分专心地投入韶乐中,达到连吃肉都不晓得滋味的地步。

还是按我的爱好去做事。"

【原文】

子之所慎:齐①、战、疾。

【注释】

①齐:通"斋",斋戒。古人在祭祀前要沐浴更衣,不吃荤,不饮酒,不与妻妾同寝,整洁身心,表示虔诚之心,这叫作斋戒。

【译文】

孔子所谨慎小心对待的是斋戒、战争和疾病这三件事。

【原文】

子在齐闻《韶》①,三月不知肉味,曰:"不图为乐之至于斯也。"

【注释】

①《韶》:舜时古乐曲名。

【译文】

孔子在齐国听到了《韶》乐,有很长时间尝不出肉的滋味,于是说:"想不到音乐的美竟能达到这样迷人的地步。"

【原文】

子曰:"我非生而知之者,好古,敏以求之者也。"

【译文】

孔子说:"我不是生来就有知识的人,而是爱好古代的东西,勤奋敏捷地去求得知识的人。"

【故事】

朱熹拜师求学

孔子曾言:"我非生而知之者,好古,敏以求之者也。"确实如此,历代有大成就者,无一不是上进好学者。

朱熹八岁时,就开始从师读书了。一天,他和小朋友们在一起玩耍,别的孩子胡打乱闹,唯独朱熹在沙地上,用手指在沙土上仔细地画着什么,一会儿大人来了,发现他画的是连大人都难以明白的周易八卦图。

十四岁时,朱熹的父亲病逝了,家境变得艰难起来,少年朱熹以教师为职业,维持生计。但他时刻不忘刻苦学习。他父亲的朋友们大多是有学问的人,家里藏书很多,朱熹由此得到了充分的读书机会,凡是书房里有的书,他见一卷读一卷。他颖异超人,才华横溢,被乡里人称为"神童"。

十九岁时,朱熹考取了进士。可他仍感到自己学问不足,决心拜一位最有学问的人为师。

当时,福建延平有一位远近驰名的学者李侗。几年前,朱熹去同安县任主簿的途中,曾

朱熹

朱熹十九岁中进士,授徒讲学近五十年。专研考证注释经、史、文,建立唯心论,为一代理学大师。他强调道德,主张"存天理,灭人欲"。他提出了"格物致知"的理论,创立了朱子学,阐孔孟之道,集理学大成。其思想不仅影响中国元、明、清各代近七百年之久,成为官方哲学,被视为儒学正宗,而且也成为14世纪后东方文化主流,在朝鲜和日本都被视为国学,奉为主要道德信条。近代,朱子学传入欧美,对西方国家也产生了不同程度的影响。

中国古代教育智慧

岳麓书院文庙

岳麓书院文庙是全国规模最大、建筑规格最高的一座书院文庙。按照中国古代的教育制度,凡办学的地方就要祭祀孔子。祭孔的建筑统称文庙,或孔庙。但文庙的规格有等级之分,官办的学官可以有独立的文庙,建筑可以享受皇家建筑的等级待遇,红墙黄瓦。而民办的书院则只能在书院内建一座殿堂来祭祀孔子,不能有独立的文庙。岳麓书院这座民办的书院却有着和学官一样独立的文庙,而且也是皇家建筑的等级,这在全国书院中是独一无二的。

去拜见过他。李侗知识渊博,对学生要求也很严格,朱熹非常渴望得到这位老师的指导。现在他想拜李侗为师,他深知李侗不会轻易地接受一个学生。为了求师深造,几天来,他食不甘味、睡不安寝。最后,他想:只要心诚好学,李侗老师会收我为学生的。

当时李侗在延平,朱熹在崇安,两地相隔几百里,山水阻隔。路途艰险,可是一心一意拜师求学的朱熹决定步行去见李侗。他觉得这样做,正是表达自己的诚心诚意。经过半个多月的长途跋涉,朱熹疲惫不堪地到了延平。

当天夜里,朱熹来到了李侗的家。为了不打扰李先生,朱熹就在李侗家的大门外打起盹儿来。清晨,李侗出门散步,见在路边打盹儿的是曾来拜访过自己的朱熹。急忙问道:"朱进士,你从哪里来,怎么睡在这里?"朱熹听见李先生问他,急忙整理一下衣服,恭恭敬敬地给李侗行个礼,说:"先生早晨好,我从崇安来。我是特地来拜您为师的,请收下我这个学生吧!"朱熹的话语真情切,诚意感人。"先别说什么拜师,快到家里来。"李侗把朱熹引进家门,让他洗漱就餐。

朱熹换了衣服,吃了饭,精神倍增,就滔

滔不绝地同李先生谈论起禅学来。李侗见朱熹夸夸其谈，华而不实，就严厉地批评说："你谈的都是些空话，现实问题却懂得很少，这样求学不行啊！"说罢连连摇头不语。

朱熹一听这话，"扑通"一下，跪在李先生面前，说："李老师，您说得对，从现在起，我就改掉夸夸其谈的毛病。收下我吧，收下我吧！"李侗见朱熹说得很诚恳，又愿改掉缺点，就收下了他。

从此，朱熹就在李侗门下为生，起早贪黑地用功读书。实在太累了，就趴在书桌上打个盹儿，李侗见朱熹勤奋好学，有时还有新见解，越来越喜欢他。还特意给朱熹起了个字，叫元晦，希望他成为一个外表不露、道德内敛的人。

朱熹在李侗那里学到了很多知识以及为人、为学的道理，后来终于成为一位著名的思想家。

岳麓书院

　　岳麓书院位于长沙岳麓山东面山下，为我国古代四大书院之冠。自北宋开宝九年（976年）正式创立以来，历经宋、元、明、清各代，几经易名，从1926年正式定名为湖南大学至今，已历经千年，弦歌不绝，世称"千年学府"。南宋理学家朱熹等曾在此讲学，据说，鼎盛时期从学有千人之众。

第八篇　泰伯

泰伯

泰伯，姬姓，商末岐山（在今陕西）周部落首领周太王长子。太王欲立幼子季历，太伯与弟仲雍同避江南，定居在太湖边的梅里（今无锡梅村）。土著居民来归附者有千余家，奉立太伯为当地的君主，称吴太伯，自号"勾吴"。

【原文】

子曰："泰伯①，其可谓至德也已矣。三②以天下让，民无得而称焉③。"

【注释】

①泰伯：周代始祖古公亶父的长子。

②三：多次的意思。

③民无得而称焉：百姓找不到合适的词句来赞扬他。

【译文】

孔子说："泰伯可以说是品德最高尚的人了，几次把王位让给季历，老百姓都找不到合适的词句来称赞他。"

【原文】

子曰："恭而无礼则劳①，慎而无礼则葸②，勇而无礼则乱，直而无礼则绞③。君子笃④于亲，则民兴于仁；故旧⑤不遗，则民不偷⑥。"

【注释】

①劳：辛劳，劳苦。

②葸：音xǐ，胆怯，害怕。

③绞：说话尖刻，出口伤人。

④笃：厚待、真诚。

⑤故旧：故交，老朋友。

⑥偷：淡薄，这里指人与人的感情而言。

【译文】

孔子说:"只是恭敬而不以礼来指导,就会徒劳无功;只是谨慎而不以礼来指导,就会畏葸懦弱;只是勇猛而不以礼来指导,就会说话尖刻。在上位的人如果厚待自己的亲族,那老百姓就会走向仁德;在上位的人如果不遗弃他的老同事、老朋友,老百姓就不会对人冷漠无情。"

【原文】

曾子有疾,召门弟子曰:"启①予足!启予手!《诗》云②:'战战兢兢,如临深渊,如履薄冰。'而今而后,吾知免③夫!小子④!"

【注释】

①启:开启,曾子让学生掀开被子看自己的手脚。

②《诗》云:以下三句引自《诗经·小雅·小旻》篇。

③免:指身体免于损伤。

④小子:对弟子的称呼。

【译文】

曾子有病,把他的学生召集到身边来,说道:"看看我的脚!看看我的手(看看有没有损伤)!《诗经》上说:'小心谨慎呀,好像站在深渊旁边,好像踩在薄冰上面。'从今以后,我知道我的身体是不会再受到损伤了!弟子们!"

【原文】

曾子有疾,孟敬子①问②之。曾子言曰:

论语的教育智慧

江乡清晓图

此画为清代画家禹之鼎所作。两棵老柳垂条,掩映溪桥田野,远处山麓桃花盛开,一派江南水乡春色。柳畔屋前,妇携幼童,望老翁坐在矶石上垂钓。笔墨工秀,设色浓丽,纺车、老翁戴的无顶草笠、带有线轮的钓竿,均一丝不苟。自题"戊子首春仿赵大年江乡清晓图"。戊子为康熙四十七年(1708年),乃晚年手笔。

75

中国古代教育智慧

晴峦春霭图

此画为清代画家唐岱所作。笔画崇山叠嶂,霭横晴峦,曲流小径,蜿蜒于隔山之壑。水榭山居,高树疏林,错落有致。山石用乾笔皴擦,浓墨横点,富有层次和立体感。用笔沉厚,意境深远。

"鸟之将死,其鸣也哀;人之将死,其言也善。君子所贵乎道者三:动容貌③,斯远暴慢④矣;正颜色⑤,斯近信矣;出辞气⑥,斯远鄙倍⑦矣。笾豆之事⑧,则有司⑨存。"

【注释】

①孟敬子:即鲁国大夫孟孙捷。

②问:探望,探视。

③动容貌:使自己的内心感情表现于面容。

④暴慢:粗暴,放肆。

⑤正颜色:使自己的脸色庄重严肃。

⑥出辞气:出言,说话。指注意说话的言辞和口气。

⑦鄙倍:鄙,粗野。倍,通"背",背理。

⑧笾豆之事:笾(biān)和豆都是古代祭祀和典礼中的用具。

⑨有司:指主管某一方面事务的官吏,这里指主管祭祀、礼仪事务的官吏。

【译文】

曾子有病,孟敬子去看望他。曾子对他说:"鸟快死了,它的叫声是悲哀的;人快死了,他说的话是善意的。君子所应当重视的道有三个方面:使自己的容貌庄重严肃,这样可以避免粗暴、放肆;使自己的脸色一本正经,这样就接近于诚信;使自己说话的言辞和语气谨慎小心,这样就可以避免粗野和背理。至于祭祀和礼节仪式,自有主管这些事务的官吏来负责。"

曾子杀猪

【原文】

曾子曰:"以能问于不能,以多问于寡;有若无,实若虚;犯而不校①。昔者吾友②尝从事于斯矣。"

【注释】

①校:音jiào,同"较",计较。

②吾友:我的朋友。这里指颜回。

【译文】

曾子说:"自己有才能却向没有才能的人请教,自己知识多却向知识少的人请教;有学问却像没学问一样,知识很充实却好像很空虚;被人侵犯却不计较。从前我的朋友就这样做过了。"

【原文】

曾子说:"可以托六尺之孤①,可以寄百里之命②,临大节而不可夺也。君子人与?君子人也!"

【注释】

①托六尺之孤:孤,死去父亲的小孩叫孤,六尺指十五岁以下,古人以七尺指成年。托六尺之孤,受君主临终前的嘱托辅佐幼君。

②寄百里之命:寄,寄托,委托。百里之命,指掌握国家政权和命运。

曾子的夫人到集市上去,他的儿子哭闹着要跟去。孩子的母亲说:"你先回家待着,待会儿我回来杀猪给你吃。"她刚从集市上回来,曾子就要捉猪去杀。她就劝止说:"只不过是跟孩子开玩笑罢了。"曾子说:"小孩子没有思考和判断能力,你这可是教孩子骗人啊!这不是实现教育的方法。"于是曾子把猪杀了给孩子猪肉吃。

中国古代教育智慧

周武王

周武王姬发,生卒年不详,周文王姬昌次子,西周第一代帝王。因商纣暴虐无道,他继承父亲遗志,于公元前11世纪消灭殷商王朝,建立了西周王朝,表现出卓越的军事、政治才能,成为中国历史上一代名君。在位十九年崩,谥曰武。

【译文】

曾子说:"可以把年幼的君主托付给他,可以把国家的政权托付给他,面临生死存亡的紧急关头而不动摇屈服。这样的人是君子吗?是君子啊!"

【故事】

周公辅佐成王

曾子说:"可以托六尺之孤,可以寄百里之命,临大节而不可夺也。君子人与?君子人也!"他认为君子能够承受托孤之重,辅佐幼主,担当安民兴国的大任。周代初年的周公旦就是这样的真君子,人们都尊称他为周公。

周武王建立了周王朝以后,过了两年就病死了。临终时,武王把幼子姬诵和国家大事托付给了他的弟弟周公旦。武王死后,周公旦尊武王遗命辅助姬诵继承了王位,这就是周成王。那时候,周成王才十三岁。刚建立的周王朝还不大稳固。周公旦辅佐成王掌管国家大事,实际上是实行天子的职权。

周公的封地在鲁国,因为他要留在京城处理政事,他就派他的儿子伯禽代他到鲁国去做国君。伯禽临走的时候,周公问:"我是文王的儿子,武王的弟弟,当今天子的叔叔,你说我的地位怎么样?"伯禽说:"那自然是很高的了。"周公说:"对呀!我的地位确实很高,但是我每次洗头发的时候,一碰到急事,就把头发握在手里去办事；每次吃饭的时候，如果有人求见，我来不及咽下的饭菜吐出来，就去接见。这样，我还怕天下的人才不肯归附呢。你到了鲁国后，千万不要骄狂无忌啊！"伯禽连连点头，表示一定记住父亲的教导。

周公辅助成王，管理国事，他的弟弟管叔、蔡叔妒忌周公的地位和才能，就在外面造谣，说周公有野心，想要篡夺王位。纣王的儿子武庚虽然被封为殷侯，但是受到周朝的监视，觉得很不自由，巴不得周朝发生内乱，好重新恢复他殷商的王位，就和管叔、蔡叔串通一气，联络了一批殷商的旧贵族，还煽动东夷中几个部落，闹起叛乱来。武庚和管叔等人制造的谣言，闹得镐京也沸沸扬扬，连邵公听了也怀疑起来。成王年少更分不清真假。周公心里很难过，他首先向邵公披肝沥胆地谈了一次话，告诉邵公，他决没有野心，要邵公顾全大局，不要轻信谣言。邵公被他这番诚恳的话感动，消除了误会，重新和周公合作。周公在安定了内部之后，果断地亲领大军东征。费了三年的工夫，周公终于平定了武庚的叛乱。管叔一看武庚失败，就自杀了。周公平定了叛乱，把霍叔革了职，将蔡叔充军发配到边疆。

周公辅助成王执政了七年，总算把周王朝的统治巩固下来，制定和推行了一套维护君臣宗法和上下等级的典章制度。到周成王长大成人到二十岁的时候，周公把政权还给了成王。在还政前，周公作《无逸》，以殷

周公

周公姓姬名旦，亦称叔旦，周文王姬昌第四子，周武王的同母弟。因封地在周，故称周公或周公旦。是西周初期杰出的政治家、军事家和思想家，被尊为儒学奠基人，孔子一生最崇敬的古代圣人之一。

中国古代教育智慧

周公庙

周公庙位于陕西岐山城西北7.5公里的凤凰山南麓,唐武德元年(618年)为纪念周公姬旦修建。占地面积九百亩,庙内古树参天,殿堂成群,除了周公正殿外,还有召公、太公等周人先祖及功臣勋将的配殿,汉白玉武将像等古迹名胜。

商的灭亡为前车之鉴,告诫成王要先知"稼穑之艰难",不要纵情于声色、安逸、游玩和田猎。

周公旦退位后,把主要精力用于制礼作乐,继续完善各种典章法规。有了周公打下的坚实基础,从周成王到他的儿子康王两代,前后约五十多年,是周朝强盛和统一的时期,历史上叫作"成康之治"。

第九篇　子罕

【原文】

子罕①言利与②命与仁。

【注释】

①罕：稀少，很少。

②与：赞同，肯定。

【译文】

孔子很少谈到利益，却赞同天命和仁德。

【原文】

达巷党人①曰："大哉孔子！博学而无所成名②。"子闻之，谓门弟子曰："吾何执？执御乎？执射乎？吾执御矣。"

【注释】

①达巷党人：古代五百家为一党，达巷是党名。这是说达巷党这地方的人。

②博学而无所成名：学问渊博，因而不能以某一方面来称赞他。

【译文】

达巷党这个地方有人说："孔子真伟大啊！他学问渊博，因而不能以某一方面的专长来称赞他。"孔子听说了，对他的学生说："我要专长于哪个方面呢？驾车呢？还是射箭呢？我还是驾车吧。"

【原文】

子曰："麻冕①，礼也；今也纯②，俭③，吾

虞山草堂步月诗意图

此画出自清代钱杜之手，是画家五十岁时所作。此图以大密大疏之反差为特色。层层茂林，卷云般的山石，精细而密集，与空旷的天地及白墙形成密不透风、疏可走马的强烈对比。

中国古代教育智慧

此画为元代画家倪瓒的作品，描绘的是江南春景，平远山水。近处为山石陂陀，林木萧疏，中幅为湖光波色，图上侧远岫遥岑，横于波际。其山水胎息于董源，矶头两点，石上横拖披麻，皴法清逸。其树法参差变化，结体有骨力，而树头枝梢，每多生意。喜多作枯树，擦以枯笔，墨色浓淡错综而滋润浑厚。

从众。拜下④，礼也；今拜乎上，泰⑤也。虽违众，吾从下。"

【注释】

①麻冕：麻布制成的礼帽。

②纯：丝绸，黑色的丝。

③俭：俭省，麻冕费工，用丝则俭省。

④拜下：大臣面见君主前，先在堂下跪拜，再到堂上跪拜。

⑤泰：这里指骄纵、傲慢。

【译文】

孔子说："用麻布制成的礼帽，符合于礼的规定。现在大家都用黑丝绸制作，这样比过去节省了，我赞成大家的做法。臣见国君，先要在堂下跪拜，这也是符合于礼的。现在大家都到堂上跪拜，这是骄纵的表现。虽然与大家的做法不一样，我还是主张先在堂下拜。"

【原文】

子绝四：毋意①，毋必②，毋固③，毋我④。

【注释】

①意：同"臆"，猜想、猜疑。

②必：必定。

③固：固执己见。

④我：这里指自私之心

【译文】

孔子杜绝了四种弊病：不主观猜疑，不绝对肯定，不拘泥固执，不唯我独是。

论语的教育智慧

【原文】

子畏于匡①,曰:"文王②既没,文不在兹③乎?天之将丧斯文也,后死者④不得与⑤于斯文也;天之未丧斯文也,匡人其如予何⑥?"

【注释】

①畏于匡:匡,地名,在今河南省长垣县西南。畏,受到威胁。公元前496年,孔子从卫国到陈国去经过匡地。匡人曾受到鲁国阳虎的掠夺和残杀。孔子的相貌与阳虎相像,匡人误以为孔子就是阳虎,所以将他围困。

②文王:周文王,姓姬名昌,西周开国之君周武王的父亲,是孔子认为的古代圣贤之一。

③兹:这里,指孔子自己。

④后死者:孔子这里指自己。

⑤与:这里是掌握的意思。

⑥如予何:奈我何,把我怎么样。

周文王

姬昌,即周文王,西周开创君主。季历死后,姬昌继位。他在位五十年,主要功绩是为灭商做好了充分准备。他是很有作为的创业主,勤于政事,重视发展农业生产,礼贤下士,广罗人才,拜姜尚为军师,问以军国大计,使"天下三分,其二归周"。著作《周易》,在中国历史上是一位明君圣人,被后世历代所称颂敬仰。

【译文】

孔子被匡地的人们所围困时,他说:"周文王死了以后,周代的礼乐文化不都体现在我的身上吗?上天如果想要消灭这种文化,那我就不可能掌握这种文化了;上天如果不消灭这种文化,那么匡人又能把我怎么样呢?"

【原文】

太宰①问于子贡曰:"夫子圣者与?何其多能也?"子贡曰:"固天纵②之将圣,又多能也。"

子闻之,曰:"太宰知我乎?吾少也贱,

中国古代教育智慧

孔子雕像

故多能鄙事③。君子多乎哉？不多也。"

【注释】

①太宰：官名，掌握国君宫廷事务。这位太宰已经不知是哪一国人以及姓甚名谁了。

②纵：让，使，不加限量。

③鄙事：卑贱的事情。

【译文】

太宰问子贡说："孔夫子是位圣人吧？为什么这样多才多艺呢？"子贡说："这本是上天让他成为圣人，而且使他多才多艺。"

孔子听到后说："太宰怎么会了解我呢？我因为少年时地位低贱，所以会许多卑贱的技艺。君子会有这么多的技艺吗？是不会的。"

【原文】

牢①曰："子云，'吾不试②，故艺'。"

【注释】

①牢：郑玄说此人是孔子的学生，但在《史记·仲尼弟子列传》中未见此人。

②试：用，被任用。

【译文】

子牢说："孔子说过，'我不曾被国家所用，所以学得一些技艺'。"

【原文】

子曰："譬如为山，未成一篑①，止，吾止也；譬如平地，虽覆一篑，进，吾往也。"

【注释】

①篑：音kuì，土筐。

论语的教育智慧

【译文】

孔子说:"好比堆土成山,只要再加一筐土就完成了,这时停下来,那是我自己要停下来的;又好比平地上堆土成山,纵是刚刚倒下一筐土,如果决心努力前进,还是要自己坚持啊!"

【原文】

子曰:"法语之言①,能无从乎?改之为贵。巽与之言②,能无说③乎?绎④之为贵。说而不绎,从而不改,吾末⑤如之何也已矣。"

【注释】

①法语之言:指以礼法规则正言规劝。

②巽与之言:巽,恭顺,谦逊。与,称许,赞许。这里指恭顺赞许的话。

③说:音yuè,通"悦"。

④绎:推究,分析。

⑤末:没有。

【译文】

孔子说:"符合礼法的正言规劝,谁能不听从呢?改正自己的错误才是可贵的。恭顺赞许的话,谁能听了不高兴呢?但只有认真推究它,才是可贵的。只是高兴而不去分析,只是表示听从而不改正错误,这种人我是没有办法对付他的了。"

【原文】

子曰:"主忠信①,无②友不如己者,过③则勿惮④改。"

三教图

此图为明代画家丁云鹏所作,图绘佛、道、儒三教的创始人释迦牟尼、老子、孔子三人于一图之中,似正在辩经论道,体现了明代"三教合一"的社会思潮。画面中释氏跌坐于两株菩提树下成为画面主体,老子坐于蒲草之上,与一身士大夫打扮的孔子相对。人物形象古拙,色彩明丽,为一幅上品之作。

中国古代教育智慧

赵威后

赵威后，就是赵惠文王之妻，公元前266年赵惠文王去世，赵孝成王年幼，由赵威后执掌国政。

【注释】

①主忠信：以忠信为主。
②无：通"毋"，不要。
③过：过错，过失。
④惮：音dàn，害怕，畏惧。

【译文】

孔子说："君子，如果不庄重，就没有威严；学习可以使人不闭塞；要以忠信为主，不要同与自己不同道的人交朋友；有了过错，就不要怕改正。"

【故事】

勇于改正的廉颇

战国时期，赵惠文王初，东方六国以齐最为强盛，齐与秦各为东西方强国。秦国欲东出扩大势力，赵国当其冲要。为了扫除障碍，秦王曾多次派兵进攻赵国。廉颇统领赵军屡败秦军，迫使秦改变策略，实行合纵，与赵相会讲和。联合韩、燕、魏、赵五国之师共同讨伐齐国，大败齐军。其中，廉颇带赵军伐齐，长驱深入齐境，攻取齐国重要城池，威震诸侯，而赵国也随之跃居六国之首。廉颇班师回朝，拜为上卿。秦国虎视赵国而不敢贸然进攻，正是慑于廉颇的威力。此后，廉颇率军征战，守必固,攻必取,几乎百战百胜,威震列国。

赵惠文王十六年(前283年),赵国得到宝物和氏璧,秦国想要夺取,假意愿以十五城交换。赵国派蔺相如出使秦国。相如以他的大智大勇完璧归赵,取得了对秦外交的胜利。

后来,秦国多次攻打赵国。赵惠文王十九年(前280年),秦国想与赵国修好,约赵王在渑池定盟言和。赵王非常害怕,不愿前往。廉颇和蔺相如磋商认为赵王应该前往,以显示赵国的坚强和赵王的果敢。赵王与蔺相如同往,廉颇相送,与赵王分别时说:"大王这次行期不过三十天,若三十天不还,请立太子为王,以断绝秦国要挟赵国的希望。"廉颇的大将风度与周密安排,壮了赵王的行色,同时由于相如渑池会上不卑不亢地与秦王周旋,毫不示弱地回击了秦王施展的种种手段,不仅为赵国挽回了声誉,而且对秦王和群臣产生震慑。最终使得赵王平安归来。

完璧归赵

会后,赵王"以相如功大,拜为上卿",地位在廉颇之上。廉颇对蔺相如封为上卿心怀不满,认为自己作为赵国的大将,有攻城野战扩大疆土的大功,而地位低下的蔺相如只是动动嘴巴却位高于自己,实在不能容忍。于是,心直口快的廉颇扬言要当众羞辱蔺相如。蔺相如知道后,对廉颇处处忍让。为了不使廉颇在临朝时位列自己之下,每次早朝,蔺相如总是称病不到。有时,蔺相如乘车出门,远远望见廉颇迎面而来,就索性引车改道而行。这引起

中国古代教育智慧

廉颇负荆请罪

了蔺相如舍人的不满,蔺相如解释说:"虎狼般的秦王与廉颇相比,哪个厉害?我连秦王都敢当庭呵斥,羞辱他的群臣,我还会怕廉颇吗?秦之所以不敢出兵赵国,就是因为我和廉颇同在朝中为官,如果我们相斗,必有一伤,那时秦国就会乘机攻打赵国。我之所以处处谦让,无非是把国家危难放在个人的恩怨之上罢了。"门人听后,默然不语,都理解了蔺相如的良苦用心。

蔺相如的话传到了廉颇那里。廉颇听后,深受感动,他选择蔺相如家宾客最多的一天,身背荆条,赤膊露体来到蔺相如家中,请蔺相如治罪。蔺相如连忙扶起廉颇。从此二人结为刎颈之交,同心共辅赵国。

廉颇起于行伍之间,立于戎马之间,战功显赫。他能够以国事为重,放下脸面,"负荆请罪"释怨和衷,其忠勇爱国的精神,坦荡的襟怀,勇于改错的品质,数千年后,仍令人敬佩不已!

第十篇　乡党

【原文】

孔子于乡党，恂恂①如也，似不能言者。

其在宗庙朝廷，便便②言，唯谨尔。

【注释】

①恂恂：音xún，温和恭顺。

②便便：便，音pián。善于辞令。

【译文】

孔子在本乡的地方上显得很温和恭敬，像是不会说话的样子。

他在宗庙里朝廷上，却很善于言辞，只是说得比较谨慎而已。

春秋时期龙耳虎足铜方壶

【原文】

朝，与下大夫言，侃侃①如也；与上大夫言，訚訚②如也。君在，踧踖③如也，与与④如也。

【注释】

①侃侃：说话理直气壮，不卑不亢，温和快乐的样子。

②訚訚：音yín，和颜悦色而又能直言争辩。

③踧踖：音cú jí，恭敬而不安的样子。

④与与：小心谨慎、威仪适中的样子。

【译文】

孔子在上朝的时候，同下大夫说话，温和

中国古代教育智慧

孔子侍席鲁君

而快乐的样子；同上大夫说话，正直而公正的样子；国君已经来了，恭敬而心中不安，但又仪态适中。

【原文】

君召使摈①，色勃如也②，足躩③如也。揖所与立，左右手，衣前后，襜④如也。趋进，翼如也⑤。宾退，必复命曰："宾不顾矣。"

【注释】

①摈：出迎，接待宾客。

②色勃如也：脸色立即庄重起来。

③足躩：躩，音jué，脚步快的样子。

④襜：音chān，整齐之貌。

⑤翼如也：如鸟儿展翅一样。

【译文】

国君召孔子去接待宾客，孔子脸色立即庄重起来，脚步也快起来，他向和他站在一起的人作揖，手向左或向右作揖，衣服前后摆动，却整齐不乱。快步走的时候，像鸟儿展开双翅一样。宾客走后，必定向君主回报说："客人已经不回头张望了。"

【原文】

入公门，鞠躬如①也，如不容。

立不中门，行不履阈②。

过位，色勃如也，足躩如也，其言似不足者。

摄齐③升堂，鞠躬如也，屏气似不息者。出，降一等④，逞⑤颜色，怡怡如也。

没阶⑥，趋进，翼如也。复其位，踧踖如也。

【注释】

①鞠躬如：谨慎而恭敬的样子。
②履阈：阈，音yù，门槛，脚踩门槛。
③摄齐：摄，提起。齐，音zī，衣服的下摆。摄齐，提起衣服的下摆。
④降一等：从台阶上走下一级。
⑤逞：舒展开，松口气。
⑥没阶：走完了台阶。

【译文】

孔子走进朝廷的大门，谨慎而恭敬的样子，好像没有他的容身之地。

站，他不站在门的中间；走，也不踩门槛。

经过国君的座位时，他脸色立刻庄重起来，脚步也加快起来，说话也好像中气不足一样。

提起衣服下摆向堂上走的时候，恭敬谨慎的样子，憋住气好像不呼吸一样。

退出来，走下台阶，脸色便舒展开了，怡然自得的样子。

走完了台阶，快快地向前走几步，姿态像鸟儿展翅一样。回到自己的位置，是恭敬而不安的样子。

溪亭秋色图

此画为元代画家赵原所作。图绘溪山水阁、草木繁茂，溪水潺流。画家以侧锋勾皴山石，用笔疏率苍简，画法近《陆羽烹茶图》，而较《合溪草堂图》纵逸，是赵原晚年的作品。

中国古代教育智慧

松亭图

此画出自元代画家曹知白之手。盈幅写长松数株，高大伟岸，虬曲多姿，用笔沉着老练。在一片空旷的平地上，远处有低矮草亭，空无一人，萧疏而外兼有简远之趣。本图布局以奇制胜，平远幽深，应为其晚年作品。时人评知白"风流文采，不减古人"，这一点在图中也可以感觉到。

【原文】

执圭①，鞠躬如也，如不胜。上如揖，下如授。勃如战色②，足蹜蹜③，如有循④。

享礼⑤，有容色。

私觌⑥，愉愉如也。

【注释】

①圭：一种上圆下方的玉器，举行典礼时，不同身份的人拿着不同的圭。出使邻国，大夫拿着圭作为代表君主的凭信。

②战色：战战兢兢的样子。

③蹜蹜：小步走路的样子。

④如有循：循，沿着。好像沿着一条直线往前走一样。

⑤享礼：享，献上。指向对方贡献礼物的仪式。使者受到接见后，接着举行献礼仪式。

⑥觌：音dí，会见。

【译文】

（孔子出使别的诸侯国）拿着圭，恭敬谨慎，像是举不起来的样子。向上举时好像在作揖，放在下面时好像是给人递东西。脸色庄重得像战栗的样子，步子很小，好像沿着一条直线往前走。

在举行赠送礼物的仪式时，显得和颜悦色。

以私人身份会见外国君臣，显得轻松愉快。

【原文】

君子不以绀緅饰①，红紫不以为亵服②。当

暑,袗绨绤③,必表而出之。缁衣,羔裘④;素衣,麑⑤裘;黄衣,狐裘。亵裘长,短右袂⑥。必有寝衣,长一身有半。狐貉之厚以居。去丧,无所不佩。非帷裳⑦,必杀之⑧。羔裘玄冠不以吊。吉月⑨,必朝服而朝。

【注释】

①不以绀緅饰:绀,音gàn,深青透红,斋戒时服装的颜色。緅,音zōu,黑中透红,丧服的颜色。这里是说,不以深青透红或黑中透红的颜色布给平常穿的衣服镶上边作饰物。

②红紫不以为亵服:亵服,平时在家里穿的衣服。古人认为,红紫不是正色,便服不宜用红紫色。

③袗绨绤:袗,音zhěn,单也。此处用为动词。绨,音chī,细葛布。绤,音xì,粗葛布。袗绨绤,穿粗的或细的葛布单衣。

④羔裘:羔皮衣。古代的羔裘都是黑羊皮,毛皮向外。

⑤麑:音ní,小鹿。

⑥短右袂:袂,音mèi,袖子。右袖短一点,是为了便于做事。

⑦帷裳:上朝和祭祀时穿的礼服,用整幅

文庙孔子像

中国古代教育智慧

毛公鼎

毛公鼎为西周晚期的宣王时期器物,因器为毛公所作而得名。直耳,半球腹,矮短的兽蹄形足,口沿饰环带状的重环纹。其铭文共三十二行,四百九十九字,为现存青铜器中铭文最长的一件。毛公为表示感谢和称颂周天子的美德,作鼎以为纪念。

布制作,不加以裁剪。折叠缝上。

⑧必杀之:一定要裁去多余的布。杀,裁。

⑨吉月:每月初一。

【译文】

君子不用深青透红或黑中透红的布镶边,不用红色或紫色的布做平常在家穿的衣服。夏天穿粗的或细的葛布单衣,但一定要套在内衣外面。黑色的羔羊皮袍,配黑色的罩衣。白色的鹿皮袍,配白色的罩衣。黄色的狐皮袍,配黄色的罩衣。平常在家穿的皮袍做得长一些,右边的袖子短一些。睡觉一定要有睡衣,要有一身半长。用狐貉的厚毛皮做坐垫。丧服期满,脱下丧服后,便佩戴上各种各样的装饰品。如果不是礼服,一定要加以剪裁。不穿着黑色的羔羊皮袍和戴着黑色的帽子去吊丧。每月初一,一定要穿着礼服去朝拜君主。

【故事】

姜后脱簪

西周后期,周厉王不再重视先王的礼乐教化,开始横征暴敛,道德败坏,使得民怨沸腾,百姓奋起反抗,周厉王仓皇逃到了晋国。十四年后,周厉王在晋国去世。藏在周大臣召公家里的太子静就被群臣拥立继承了王位,称为宣王。

宣王的王后是齐侯的女儿姜氏。姜后不仅

容貌美丽，也是一位贤德女子，不合礼之言必不说，不合礼之事必不做。

周宣王即位之初，在召公等人的扶持下，开始也勤于政事。可是时间一久，他就有些懈怠，不但早睡晚起，而且还常留在后宫不愿离去，延迟上朝听政。见宣王如此迷恋女色，贤明的姜后十分担忧。她想：当年夏桀不就是由于迷恋妹喜而被商汤讨伐灭亡，商纣也是因为好色妲己误国，最后落得在鹿台自焚的下场吗？想到这里，姜后就摘下了头上的簪子和耳环等象征王后的饰品，换上普通女子的装束，然后托人代向宣王禀告说："是臣妾无德无才，滋生淫佚享乐之心，以至使君王受累，常常晚朝失礼，给人留下君王好色而忘德的印象。一但迷恋于女色，就一定会穷奢极欲，疏于朝政，由此诸侯叛离，百姓怨声载道，引起社会的动乱。今天国家存在动乱的潜在因素，根源就是臣妾，所以特请君王治罪于我。"宣王听到姜后的忠告后，如梦初醒，惭愧不已。他匆忙赶到长巷，看到王后已经脱下衣冠，自罚为平民等待发落。王后为了向君王进谏而自责自己，令宣王内心极受震撼，他感动地对姜后说："这怎么是王后的错呢？完全是我的失德，不但没有励精图治，全力重整先王创下的基业，更不懂得防微杜渐，以修身为本。如今幸有王后及时提醒，否则我将会成为愧对列祖先王和天下的千古罪人。"周宣王说完，吩咐随侍将姜后请回后宫。

周宣王

中国周朝第十一位君王。姬姓，名静，周厉王之子，死后被追谥为世宗。宣王即位后，整顿朝政，使已经衰落的周朝一时复兴。宣王的主要功业是讨伐侵扰周朝的戎、狄和淮夷。宣王晚年，周王朝重新出现了衰象。宣王干涉鲁国的君位继承，用武力强立鲁孝公，引起诸侯不睦。宣王死后子幽王继位，社会矛盾进一步发展，终于导致西周的覆亡。

中国古代教育智慧

兽面纹玉饰

繁复的兽面纹与蟠螭纹通常多见于商周时期的青铜器,在玉器上并不多见。这件在河南出土的玉器由于常年浸蚀后呈乳白色,其精良纯熟的雕琢技艺,并没有因此磨灭,其纹饰布局从容、繁而不俗,不由得让人叹为观止。

自此以后,周宣王每日早起晚睡,勤勉于政事。言行举止稳重得体,不失天子威仪。姜后为了使宣王不再为女色所缚,规定后宫起居内侍奉君王者,要等夜色深沉后秉烛而入,一进卧室便要把烛火熄灭。到了鸡鸣时分,就马上起床穿衣,并让身上的玉配等饰物相互碰撞发出叮当的声音,然后迅速离开。宣王听到声音,也就马上翻身起床了。

在姜后和众臣的辅助下,周宣王以中兴周室为己任,继承文王和武王遗下的礼乐教化精神。在执政四十五年的时间里,不仅有效延缓了西周王朝的快速衰落,而且还恢复到了周厉王前的太平局面,各诸侯国也纷纷来朝见天子。这一时期,历史上称为"宣王中兴"。

第十一篇　先进

【原文】

子曰："先进①于礼乐，野人②也；后进③于礼乐，君子④也。如用之，则吾从先进。"

【注释】

①先进：指先学习礼乐而后再做官的人。
②野人：朴素粗鲁的人或指乡野平民。
③后进：先做官后学习礼乐的人。
④君子：这里指统治者。

【译文】

孔子说："先学习礼乐而后再做官的人，是原来没有爵禄的平民；先当了官然后再学习礼乐的人是卿大夫的子弟。如果要先用人才，那我主张选用先学习礼乐的人。"

【原文】

子曰："从我于陈、蔡①者，皆不及门②也。"

【注释】

①陈、蔡：均为国名。
②不及门：门，这里指受教的场所。不及门，是说不在跟前受教。

【译文】

孔子说："跟着我在陈国、蔡国之间忍受饥饿的人，都不在我这里了。"

湖亭秋兴图

此图为清代画家黄慎的作品，图中山石岐蹭，古树苍郁，湖水微波，亭内外人物形神皆备，各具情态，笔黑清润沉静。

中国古代教育智慧

宰予

宰予（前522—前458年），字子我，亦称宰我，春秋末鲁国人。宰予能言善辩，曾从孔子周游列国，游历期间常受孔子派遣，出使齐国、楚国。他思想活跃，好学深思，善于提问，是孔门弟子中唯一一个敢正面对孔子学说提出异议的人。

【原文】

德行①：颜渊、闵子骞、冉伯牛、仲弓。言语②：宰我、子贡。政事③：冉有、季路。文学④：子游、子夏。

【注释】

①德行：指能实行孝悌、忠恕等道德。
②言语：指善于辞令，能从事外交活动。
③政事：指能从事政治事务。
④文学：指通晓诗书礼乐等古代文献。

【译文】

德行好的有：颜渊、闵子骞、冉伯牛、仲弓。善于辞令的有：宰我、子贡。擅长政事的有：冉有、季路。通晓文献知识的有：子游、子夏。

【原文】

子曰："孝哉闵子骞！人不间①于其父母昆②弟之言。"

【注释】

①间：非难，批评，挑剔。
②昆：哥哥，兄长。

【译文】

孔子说："闵子骞真是孝顺呀！人们对于他的父母兄弟称赞他的话，没有什么异议。"

【原文】

子曰："由之瑟①，奚为于丘之门②？"门人不敬子路。子曰："由也升堂矣，未入于室③也。"

论语的教育智慧

【注释】

①瑟：音sè，一种古乐器，与古琴相似。

②奚为于丘之门：奚，为什么。为，弹。为什么在我这里弹呢？

③升堂矣，未入于室：堂是正厅，室是内室，用以形容学习程度的深浅。

【译文】

孔子说："仲由弹瑟，为什么在我这里弹呢？"孔子的学生们因此都不尊敬子路。孔子便说："仲由嘛，他在学习上已经达到升堂的程度了，只是还没有入室罢了。"

【原文】

子贡问："师与商①也孰贤？"子曰："师也过，商也不及。"曰："然则师愈②与？"子曰："过犹不及。"

【注释】

①师与商：师，颛孙师，即子张。商，卜商，即子夏。

②愈：胜过，强些。

【译文】

子贡问孔子："子张和子夏二人谁更好一些呢？"孔子回答说："子张过分，子夏不足。"子贡说："那么是子张好一些吗？"孔子说："过分和不足同样不好。"

【原文】

子路问："闻斯行诸①？"子曰："有父兄在，如之何其闻斯行之？"

子路

子路（前542—前480年），春秋末鲁国之卞（今山东泗水县东）人。比孔子小九岁，是孔门弟子中年龄较长的一个。他为人豪爽，经常跟随孔子之后，时时保护孔子。子路有较强的行政能力，被孔子许为其"政事"科的高才生。孟子曾称赞他有闻过则喜的态度，把他与禹、舜相提并论。

中国古代教育智慧

叶公

叶公，姓沈，名诸梁，字子高。是春秋时期著名的政治家、军事家、思想家。公元前524年沈诸梁受封于叶，因楚国封君皆称公，故称叶公。叶公是全世界叶姓华人的始祖，也是中国历史上有文字记载以来的叶地第一任行政长官。孔子周游列国时，曾到叶地拜访叶公。

冉有问："闻斯行诸？"子曰："闻斯行之。"

公西华曰："由也问'闻斯行诸'？子曰，'有父兄在'；求也问'闻斯行诸'？子曰，'闻斯行之'。赤也惑，敢问。"子曰："求也退，故进之；由也兼人②，故退之。"

【注释】

①诸："之乎"二字的合音。

②兼人：好勇过人。

【译文】

子路问："听到了就行动起来吗？"孔子说："有父兄在，怎么能听到就行动起来呢？"

冉有问："听到了就行动起来吗？"孔子说："听到了就行动起来。"

公西华说："仲由问'听到了就行动起来吗'？你回答说，'有父兄健在'；冉求问'听到了就行动起来吗'？你回答，'听到了就行动起来'。我被弄糊涂了，敢再问个明白。"孔子说："冉求总是退缩，所以我鼓励他；仲由好勇过人，所以我约束他。"

【原文】

季子然①问："仲由、冉求可谓大臣与？"子曰："吾以子为异之问，曾②由与求之问。所谓大臣者，以道事君，不可则止。今由与求也，可谓具臣③矣。"

曰："然则从之④者与？"子曰："弑父与君，亦不从也。"

【注释】

①季子然：鲁国季氏的同族人。

②曾：乃。

③具臣：普通的臣子。

④之：代名词，这里指季氏。当时冉求和子路都是季氏的家臣。

【译文】

季子然问："仲由和冉求可以算是大臣吗？"孔子说："我以为你是问别人，原来是问由和求呀。所谓大臣是能够用周公之道来对待君主，如果这样不行，他宁肯辞职不干。现在由和求这两个人，只能算是充数的臣子罢了。"

季子然说："那么他们会一切都跟着季氏做吗？"孔子说："杀父亲、杀君主的事，他们也不会跟着做的。"

【故事】

以仁道仕两朝的直臣李纲

孔子要求对待君臣关系以道和礼为准绳。君臣相处，双方都应遵循道义和礼节。作为一个臣子要做到"以道事君"，需要智慧，需要勇气，需要置生死于度外的决心。历仕隋唐两代的忠良大臣李纲就是坚持"以道事君"的典型。

李纲是隋唐时期的名臣。他为人豪爽正直，推崇风骨节操，很重义气。他一生经历数

隋文帝

隋文帝杨坚（541—604年），华阴人，隋朝的开国皇帝。初仕北周，静帝时禅让为帝，国号隋。在位二十四年，被次子杨广所弑，谥号文帝。他在不长的时间内，统一了全国，外御强敌突契，内使人民安宁生息，功业之大，足以流芳千古。然御下过严，令不少功臣未获善终，尤其是立杨广为太子，遗祸后代，断送江山，实为遗憾。

中国古代教育智慧

唐高祖

唐高祖李渊（566—635年），唐朝开国皇帝。在隋末天下大乱的时候，李渊招兵买马，积聚人才，条件成熟之后，揭竿而起，率众起义，最终夺取天下。玄武门之变后，让位于李世民，退居太上皇，死后庙号高祖，葬在献陵。

次朝代变迁，但始终忠于职守，生死不避，为唐朝的兴盛建立了功业。

南北朝时，李纲任齐王宇文宪的参军事。后来宣帝准备杀宇文宪，特地将李纲等人召来，让他们编造罗织罪名诬陷宇文宪，但李纲誓死不屈从，没有昧着良心说假话以求开脱自己和邀功请赏。宇文宪最终被杀。此时，他生前身边的大小官吏都躲得远远的，只有李纲亲自去用车子运回尸体，并且扶着棺材号啕痛哭，安葬后方才离去。后来，宇文宪的女儿寡居，李纲总是尽力去接济帮助她，视如己出。宇文宪的女儿待李纲也像亲生父亲一般。

后来李纲在隋朝太子杨勇身边任洗马，杨勇荒淫无道，李纲多次苦心规劝，他都拒不采纳。后来隋文帝废掉了杨勇，并且严厉谴责杨勇身边的官吏，这些人没人敢说话，只有李纲说道："陛下平常不教育太子，所以太子才到了今天这个地步。太子资质中等，如果能让贤良的人辅佐完全可以从善，继承皇业，如果让不肖之徒引导，就会从恶。为什么总让那些擅长歌舞的仆役和小人每天侍候在太子身边呢？这难道是太子一人的罪过？"隋文帝听后，惋惜道："是朕的过失啊！"见李纲如此正直敢谏，隋文帝深为赏识，便授任他为尚书右丞。

当时杨素等奸臣掌权，李纲始终不肯曲意逢迎，因此受到杨素等人的仇视，多次加害侮辱他，几乎把他置于死地，可李纲仍旧一如既往地坚守自己的原则。

后来改朝换代，大唐立国，李纲进京拜见唐高祖李渊，李渊敬重他的贤良正直和气节，所以非常重用他，先后授为礼部尚书、太子詹事。李纲起先在东宫辅佐太子建成，但建成渐渐开始疏远贤良，亲近奸臣，李纲进谏无果后请求辞官，李渊说："你能去给何潘仁当长史，却羞于给朕当尚书吗？"李纲叩头说："何潘仁是个贼帅，志在残杀，然而臣每次进谏他都能听进去，任他的长史，臣心中无愧。陛下现在大功告成，常常自以为是，臣的话就像拿石头扔进水里，我还敢久任尚书吗？而且太子又不听我的劝告，所以要上交官印。"李渊拒绝说："朕知道你是个正直的人，希望您能始终辅助太子。"后来建成越来越不成器，李纲再次坚持请求退休，李渊无奈只好解除了他的尚书之职，但仍非常尊敬他。

后来唐太宗登基，把李纲任为太子少师，让他辅佐教导太子，并且每次临朝听政，都会让李纲、房玄龄等大臣陪同坐在身边。

李纲一生坚持仁道，正直为人，以义待人，不曾因胁迫和私利而改变初衷，但求问心无愧。他虽居高位，但乐天知命，明白知足常乐的道理，所以在任职期间，曾多次称病辞职归隐。自李纲起，李家五世同居，他的两个孙子也都因为舍生取义而闻名于世，为人们所称道。

唐太宗

唐太宗李世民（598—649年），唐朝第二位皇帝，伟大的军事家，卓越的政治家，堪称"千古一帝"。他在唐朝创建中出生入死，运筹帷幄。即位后，统一中国，抗击外来侵略，同时执行夷汉一家的政策，在促进民族团结和融合中做出了巨大的贡献。在位二十三年，期间国泰民安，经济发展繁荣，军事力量强大。后人称他在贞观年间的统治为"贞观之治"。

颜渊

颜渊（前521—前481年），名回，字子渊，又称颜渊，春秋末期鲁国人。在孔门弟子中，颜回最称高足，其品德与学业均翘居群首，是孔子多次赞许的弟子。在《论语》中有六处孔子赞扬颜渊的句子。这在孔门和《论语》中也只有颜回一人了。颜回聪敏过人，虚心好学，较早地体认到孔子学说的精深博大，他对孔子的尊敬已超出一般弟子的尊师之情。他以尊崇千古圣哲之情尊崇孔子，其亲若父与子。颜渊勤奋好学、安贫乐志，尽管颜渊没有著述传世，但他以其习行与品德，为后世儒者树立了一个光辉的典范。

第十二篇 颜渊

【原文】

颜渊问仁。子曰："克己复礼①为仁。一日克己复礼，天下归仁②焉。为仁由己，而由人乎哉？"

颜渊曰："请问其目③。"子曰："非礼勿视，非礼勿听，非礼勿言，非礼勿动。"

颜渊曰："回虽不敏，请事④斯语矣。"

【注释】

①克己复礼：克己，克制自己。复礼，使自己的言行符合礼的要求。
②归仁：归，归顺。仁，仁道。
③目：具体的条目。目和纲相对。
④事：从事，照着去做。

【译文】

颜渊问怎样做才是仁。孔子说："克制自己，一切都照着礼的要求去做，这就是仁。一旦这样做了，天下的一切就都归于仁了。实行仁德，完全在于自己，难道还在于别人吗？"

颜渊说："请问实行仁的条目。"孔子说："不合于礼的不要看，不合于礼的不要听，不合于礼的不要说，不合于礼的不要做。"

颜渊说："我虽然愚笨，也要照您的这些话去做。"

【原文】

司马牛问君子。子曰:"君子不忧不惧。"

曰:"不忧不惧,斯谓之君子已乎?"子曰:"内省不疚,夫何忧何惧?"

【译文】

司马牛问怎样做一个君子。孔子说:"君子不忧愁,不恐惧。"

司马牛说:"不忧愁,不恐惧,这样就可以叫作君子了吗?"孔子说:"自己问心无愧,那还有什么忧愁和恐惧呢?"

【原文】

司马牛忧曰:"人皆有兄弟,我独亡。"子夏曰:"商闻之矣:死生有命,富贵在天。君子敬而无失,与人恭而有礼。四海之内皆兄弟也,君子何患乎无兄弟也?"

【译文】

司马牛忧愁地说:"别人都有兄弟,唯独我没有。"子夏说:"我听说过:死生听之命运,富贵由天安排。君子只要对待所做的事情严肃认真,不出差错,对人恭敬而合乎礼节。那么,天下之大,到处都是好兄弟了,君子何愁没有兄弟呢?"

【原文】

子贡问政。子曰:"足食,足兵①,民信之矣。"

子贡曰:"必不得已而去,于斯三者何

司马牛之忧

相传司马牛为宋国大夫桓魋的弟弟。他的哥哥桓魋,参与宋国叛乱,失败后逃跑,司马牛也被迫离宋逃亡到鲁国。司马牛逃到鲁国,拜孔子为师,并声称桓魋不是他的哥哥。这与儒家一贯倡导的"悌"的观念是相违背的。但由于他的哥哥"犯上作乱",因而孔子没有责备他,劝他只要不忧不惧、问心无愧就是君子了。司马牛说自己没有兄弟,子夏就劝慰他,说只要自己的言行符合"礼",那就会赢得天下人的称赞,就不必发愁没有兄弟,四海之内到处都有自己的兄弟。

中国古代教育智慧

子贡说齐

春秋时期，齐国大夫田常准备出兵攻打鲁国。孔子学生子贡得知后，自告奋勇，前往诸侯国排危解难。他到齐国后，抓住田常阴谋夺取齐国政权及其与同僚鲍叔牙、晏婴等人的矛盾，指陈攻鲁不如攻吴，鲁国弱小，齐国若胜鲁国，国君必觉自得，带兵的重臣也必然受重用，而田常则会在国君面前失宠；反之，吴国强大，若攻吴失败，齐国则大臣空虚，君主孤立，田常夺权便水到渠成了。子贡以其高度的智慧动摇了田常攻鲁的意志。鲁国由此免于一难，胜于无形。

先？"曰："去兵。"

子贡曰："必不得已而去，于斯二者何先？"曰："去食。自古皆有死，民无信不立。"

【注释】

①兵：一般指兵器、兵士，这里指军器、军备。

【译文】

子贡问怎样治理国家。孔子说："粮食充足，军备充足，老百姓信任统治者。"

子贡说："如果不得不去掉一项，那么在三项中先去掉哪一项呢？"孔子说："去掉军备。"

子贡说："如果不得不再去掉一项，那么这两项中去掉哪一项呢？"孔子说："去掉粮食。自古以来人总是要死的，如果老百姓对统治者不信任，那么国家就不能存在了。"

【原文】

季康子问政于孔子，曰："如杀无道①，以就有道②，何如？"孔子对曰："子为政，焉用杀？子欲善而民善矣。君子之德风，小人之德草，草上之风③，必偃④。"

【注释】

①无道：指无道的人。

②有道：指有道的人。

③草上之风：指风加之于草。

④偃：仆，倒。

【译文】

季康子问孔子如何治理政事,说:"如果杀掉无道的人来成全有道的人,怎么样?"孔子说:"您治理政事,哪里用得着杀戮的手段呢?您只要想行善,老百姓也会跟着行善。在位者的品德好比风,在下的人的品德好比草,风吹到草上,草就必定跟着倒。"

【原文】

樊迟问仁。子曰:"爱人。"问知。子曰:"知人。"

樊迟未达。子曰:"举直错诸枉①,能使枉者直。"

樊迟退,见子夏曰:"乡②也吾见于夫子而问知,子曰,'举直错诸枉,能使枉者直',何谓也?"

子夏曰:"富哉言乎!舜有天下,选于众,举皋陶③,不仁者远④矣。汤⑤有天下,选于众,举伊尹⑥,不仁者远矣。"

【注释】

①举直错诸枉:错,通"措",放置。诸,这是"之于"二字的合音。枉,不正直,邪恶。举直错诸枉,意为选拔直者,罢黜枉者。

②乡:音xiàng,通"向",过去。

③皋陶:gāo yáo,传说中舜时掌握刑法的大臣。

④远:动词,远离,远去。

⑤汤:商朝的开国君主,名履。伐夏桀而

幽涧寒松图

此画为元代画家倪瓒所作。图绘疏树远岫,平岗流泉。笔墨简淡松秀,意境萧疏荒寒。从画的个人风格和题款分析,应为倪氏晚年之作。

中国古代教育智慧

唐玄宗

唐玄宗李隆基（685—762年）又称唐明皇，唐睿宗李旦第三子。公元712年，受禅即位，改年开元。唐玄宗开元年间，社会安定，政治清明，经济空前繁荣，唐朝进入鼎盛时期，后人称这一时期为"开元盛世"。唐玄宗后期，他贪图享乐，宠信并重用李林甫等奸臣，终于导致安史之乱发生，唐朝开始衰落。

得天下。

⑥伊尹：汤的宰相，曾辅助汤灭夏兴商。

【译文】

樊迟问什么是仁。孔子说："爱人。"樊迟问什么是智，孔子说："了解人。"

樊迟还不明白。孔子说："选拔正直的人，罢黜邪恶的人，这样就能使邪者归正。"

樊迟退出来，见到子夏说："刚才我见到老师，问他什么是智，他说，'选拔正直的人，罢黜邪恶的人，这样就能使邪者归正'，这是什么意思？"

子夏说："意义多么丰富的话呀！舜有天下，在众人中挑选人才，把皋陶选拔出来，不仁的人就被疏远了。汤有了天下，在众人中挑选人才，把伊尹选拔出来，不仁的人就被疏远了。"

【故事】

玄宗选贤任能创开元

唐玄宗李隆基即位后，量才任官，提拔贤能人做宰相。如著名的宰相姚崇、宋璟、张九龄都是唐玄宗时期的宰相。

姚崇办事果断，他因为向唐玄宗提出了十条建议而被器重，做了宰相。十条建议包括了勿贪边功、广开言路、奖励正直大臣、勿使皇族专权、勿使宦官专权等，唐玄宗基本上都按照姚崇的建议执行了。对于皇亲国戚，姚崇也不特殊照顾。当时薛王李业的舅舅王仙童欺压百姓，为非作歹，姚崇奏请玄宗批准后，惩办了王仙童。

姚崇还主持了开元初年的对蝗灾的治理工作。当时在黄河的南北地区都发生了严重蝗灾，蝗虫飞起来遮天蔽日，对庄稼的破坏异常严重。姚崇深知如果不能及时消灭蝗虫，不仅会导致经济的重大损失和百姓的灾难，而且会影响国家稳定。在他亲自指挥和大力推动下，各郡县全力以赴，蝗灾很快被制止了。

姚崇之后是宋璟，他也很重视对人才的选拔任用。虽然他掌握朝政大权，但他决不徇私枉法，相反，对自己的亲属还更加严格地要求。一次，他的远房叔叔宋元超在参加吏部的选拔时，对主考官说了自己和宋璟的特殊关系，希望能予以照顾。结果被宋璟得知后，不但没有给他说情，反而特地告诉吏部不能给他官做。

张九龄是广东人，当时的广东被称为岭南，还不是发达地区，犯罪的人也经常被流放到那里，以示惩罚。那里出来的人很难在朝中做到宰相这么高的官，但是张九龄却凭借着自己出众的才华被玄宗相中。

张九龄在做宰相之后，也像玄宗那样看重人的品德和才干，而不是看重其背景。在吏部参与选拔官吏时，他一直主张要公正选才，量才使用。同时，对于玄宗的过错，他也及时地指出，加以劝谏，不因为玄宗对自己有知遇之

姚崇

姚崇（650—721年），河南省三门峡市人，曾任武后、睿宗、玄宗三朝宰相。他曾为稳定武周政权、开创"开元盛世"起了关键作用。他辅弼朝廷，革除旧弊，开辟了一代之风，推进了社会进步，是我国封建社会不可多得的政治家，是中国历史上著名的"贤相"。

中国古代教育智慧

张九龄

张九龄（678—740年），字子寿，韶州曲江（今广东省韶关）人，唐开元尚书丞相。他是一位有胆识、有远见的著名政治家、文学家、诗人。他忠耿尽职，秉公守法，直言敢谏，选贤任能，不徇私枉法，不趋炎附势，敢与恶势力做斗争，为"开元盛世"作出了积极的贡献。

恩就隐瞒实情。

唐玄宗不仅慧眼识贤相，还对吏治进行了整治，提高官僚机构的办事效率。唐玄宗认为郡县的官员是国家治理的最前沿，和百姓直接打交道，代表了国家形象。所以，玄宗经常对县官亲自出题考核他们，确切地了解这些县官是不是真正地称职。如果考试优秀，可以马上提拔，如果名不副实，也会马上遭到罢黜。

唐玄宗知人善任，赏罚分明，办事干练果断。他对内政外交进行卓有成效的治理，使唐朝的政治、经济、文化都得到新的发展，超过了他的先祖唐太宗，开创了中国历史上强盛繁荣、流芳百世的"开元盛世"。

唐玄宗后期，他贪图享乐，没有了先前的励精图治精神，也没有改革时的节俭之风了。正直的宰相张九龄等人先后被罢官，小人李林甫爬上了相位。李林甫病死后，又是杨国忠掌权，终于导致安史之乱发生，唐朝开始衰落。

第十三篇 子路

【原文】

子路问政。子曰:"先之劳之①。"请益②。曰:"无倦③。"

【注释】

①先之劳之:先,引导,先导,即教化。之,指老百姓。先之劳之,做在老百姓之前,使老百姓勤劳。

②益:请求增加一些。

③无倦:不厌倦,不松懈。

【译文】

子路问怎样管理政事。孔子说:"做在老百姓之前,使老百姓勤劳。"子路请求多讲一点。孔子说:"永远不要懈怠。"

【原文】

仲弓为季氏宰,问政。子曰:"先有司①,赦小过,举贤才。"

曰:"焉知贤才而举之?"曰:"举尔所知。尔所不知,人其舍诸②?"

【注释】

①有司:古代负责具体事务的官吏。

②诸:"之乎"二字的合音。

【译文】

仲弓做了季氏的家臣,问怎样管理政事。孔子说:"先让负责具体事务的官吏,要求他

子路

仲由(前542—前480年),字子路,性格爽直,为人勇武,信守承诺,忠于职守,以擅长"政事"著称。

中国古代教育智慧

们各负其责,赦免他们的小过错,选拔贤才来任职。"

仲弓又问:"怎样知道是贤才而把他们选拔出来呢?"孔子说:"选拔你所知道的,至于你不知道的贤才,别人难道还会埋没他们吗?"

【原文】

子路曰:"卫君①待子为政,子将奚②先?"

子曰:"必也正名③乎!"

子路曰:"有是哉,子之迂④也!奚其正?"

子曰:"野哉,由也!君子于其所不知,盖阙⑤如也。名不正,则言不顺;言不顺,则事不成;事不成,则礼乐不兴;礼乐不兴,则刑罚不中⑥;刑罚不中,则民无所错⑦手足。故君子名之必可言也,言之必可行也。君子于其言,无所苟⑧而已矣。"

【注释】

①卫君:卫出公,名辄,卫灵公之孙。其父蒯聩被卫灵公驱逐出国,卫灵公死后,蒯辄继位。蒯聩要回国争夺君位,遭到蒯辄拒绝。这里,孔子对此事提出了自己的看法。

②奚:音xī,什么。

③正名:正名分。

④迂:迂腐。

⑤阙:通"缺",存疑的意思。

⑥中:音zhòng,得当。

子路受教于孔子

⑦错：通"措"，安置。

⑧苟：苟且，马马虎虎。

【译文】

子路对孔子说："卫国国君要您去治理国家，您打算先从哪些事情做起呢？"

孔子说："首先必须正名分。"

子路说："有这样做的吗？您想得太不合时宜了。这名怎么正呢？"

孔子说："仲由，真粗野啊！君子对于他所不知道的事情，总是采取存疑的态度。名分不正，说起话来就不顺当合理；说话不顺当合理，事情就办不成；事情办不成，礼乐也就不能兴盛；礼乐不能兴盛，刑罚的执行就不会得当；刑罚不得当，百姓就不知怎么办好。所以，君子一定要定下一个名分，必须能够说得明白，说出来一定能够行得通。君子对于自己的言行，是从不马马虎虎对待的。"

【原文】

樊迟请学稼。子曰："吾不如老农。"请学为圃①。曰："吾不如老圃。"

樊迟出。子曰："小人哉，樊须也！上好礼，则民莫敢不敬；上好义，则民莫敢不服；上好信，则民莫敢不用情②。夫如是，则四方之民襁③负其子而至矣，焉用稼？"

【注释】

①圃：音pǔ，菜地，引申为种菜。

②用情：情，情实。用情，以真心实情来对待。

孔子责子路

叶公对孔子的学说产生了怀疑，一天，他便向孔子的弟子子路询问孔子的为人。子路没有回答。孔子知道后，即责怪子路说："汝奚不对曰：'其为人也，发愤忘食，乐以忘忧，不知老之将至'云尔？"

中国古代教育智慧

奇峰万木图

此图纵24.4厘米，横25.8厘米，背景用淡墨烘染，有朦胧之感，颇具诗意。图中近、远的山峰，遥遥相对，山峰上密布着叶树。画法用短笔勾斫，构图新颖。

③襁：音qiǎng，背婴孩的背篓。

【译文】

樊迟向孔子请教如何种庄稼。孔子说："我不如老农。"樊迟又请教如何种菜。孔子说："我不如老菜农。"

等樊迟退出去了，孔子说："樊迟真是小人啊！在上位者只要重视礼，老百姓就不敢不敬畏；在上位者只要重视义，老百姓就不敢不服从；在上位者只要重视信，老百姓就不敢不用真心实情来对待你。要是做到这样，四面八方的老百姓就会背着自己的小孩来投奔，为什么要自己种庄稼呢？"

【原文】

子曰："诵《诗》三百，授之以政，不达①；使于四方，不能专对②。虽多，亦奚以③为？"

【注释】

①达：通达。这里是会运用的意思。
②专对：独立对答。
③以：用。

【译文】

孔子说："把《诗》三百篇背得很熟，让

他处理政务，却不会办事；让他当外交使节，不能独立地办交涉。纵使读得多，又有什么用呢？"

【原文】

子曰："其身正，不令而行；其身不正，虽令不从。"

【译文】

孔子说："统治者本身行为正当，不发布命令，老百姓也会去做；他本身行为不正当，纵使三令五申，百姓也不会信从。"

【原文】

子夏为莒父①宰，问政。子曰："无欲速，无见小利。欲速则不达，见小利则大事不成。"

【注释】

①莒父：莒，音jǔ。鲁国的一个城邑，在今山东省莒县境内。

【译文】

子夏做莒父的总管，问孔子怎样办理政事。孔子说："不要求快，不要贪求小利。求快反而达不到目的，贪求小利就做不成大事。"

【原文】

子曰："不得中行①而与之，必也狂狷②乎！狂者进取，狷者有所不为也。"

【注释】

①中行：行为合乎中庸。

论语的教育智慧

洞天山堂图

此画无款，图绘白云吞吐飘浮于山间，山谷中松林茂密，清溪流淌，隐露楼观，境界清幽，鲜明地表现了世外仙境。画幅右上楷书"洞天山堂"四字，点明了全画主题。此图笔墨苍劲，景色茂密，云朵以白粉染绘，更近于12世纪后的山水画风貌，按金代很多山水画承袭董、巨而有所变化，拟此画为金代之作似更为恰当。

中国古代教育智慧

孔子像

②狷：音juàn，拘谨，有所不为。

【译文】

孔子说："我找不到奉行中庸之道的人和他交往，只能与狂者、狷者相交往了。狂者敢作敢为，狷介者不肯做坏事。"

【故事】

孔子的中庸之道

孔子一生推行仁政和德政，用仁、义、礼、智、信教化民众，追求天下大同，主张"和而不同"。他的思想基础和世界观就是"中庸"，也就是后来人们常说的"中庸之道"。过犹不及是中庸之道的精髓，也是孔子最精彩的教导之一。它的来源是这样的：

子贡问孔子，您认为子张和子夏这两个弟子哪个更好呢？孔子回答说："师也过，商也不及。"师是子张的名字，商是子夏的名字。孔子说，子张这个人做事老爱过头，子夏呢，则总是欠点火候。

子贡接着问："那就是子张更好一些了？"

孔子说："过犹不及。"这两个人半斤八两，谁也不比谁更强。"过犹不及"即中庸思想的具体说明。子张做得过分、子夏做得不足，两人做得都不够好，所以孔子对此二人的评价就是："过犹不及。"孔子在政治上推崇周公，多次盛赞舜帝，称舜帝是大智大圣，执其两端，用其中于民。就是说，舜于两端取其中，既非过，也非不及，以中道教化百姓，所以为大圣。

孔子在强调个人修养方面也特别注重行中庸之道。孔子说过，人都有喜怒哀乐的情绪，当这些情绪没有发泄时，我们的情绪就处于心平气静，中庸平稳；但有时因发生了异常的变故，人就会有情绪的变化和波动，只要是适当、有节制，不过度与激烈的发泄，就是温和平和。这意思是说，人与人相处，行中庸，遇事心平气和，包容共济，相互谦让，文明处世，礼貌待人，人们就会减少摩擦与争斗，化解社会矛盾，实现人们的和谐相处。

孔子讲学

有一天，孔子的弟子子夏问老师："颜回这人怎么样啊？"孔子说："颜回呀，他在诚信上超过我。"

又问："子贡这人怎么样啊？"回答说："子贡在敏捷上超过我。"

又问："子路这人怎么样啊？"回答说："子路在勇敢上超过我。"

又问："子张这人怎么样啊？"回答说："子张在庄重上超过我。"

子夏站起身，问孔子说："那么这四位为什么都拜您做老师呢？"

孔子说："坐下吧，我告诉你。颜回虽然诚信，却不知道还有不能讲诚信的时候；子贡虽然敏捷，却不知道还有说话不能太伶牙俐齿的时候；子路虽然勇敢，却不知道还有应该

中国古代教育智慧

孔子学琴于师襄

师襄,鲁国著名的乐官,孔子曾向他学弹琴。古代乐官一般叫师,后来担当这一职务的人就把师作为自己的姓,冠于名之前。如师襄,又称师襄子,加子表示尊重。

害怕的时候;子张虽然庄重,却不知道还有应该诙谐亲密的时候。所以他们才认我做老师啊!"

孔子认为,他的这些学生各有所偏,不合中行,对他们的品质和德行必须加以纠正。

君子"和而不同",真正践行中庸大道的人君子,是善于与别人和谐相处,善于调和矛盾冲突;但不随风倒,不随波逐流,而是坚持自己的品格和操守,保持人格的独立。这综合起来其实就是孔子一直提倡和践行的中庸之道。

第十四篇　宪问

【原文】

宪①问耻。子曰："邦有道，谷②；邦无道，谷，耻也。"

"克、伐③、怨、欲不行焉，可以为仁矣？"子曰："可以为难矣，仁则吾不知也。"

【注释】

①宪：姓原名宪，孔子的学生。
②谷：这里指做官者的俸禄。
③伐：自夸。

【译文】

原宪问孔子什么是耻辱。孔子说："国家政治清明，做官拿俸禄；国家政治黑暗，还做官拿俸禄，这就是可耻。"

原宪又问："好胜、自夸、怨恨、贪欲都没有的人，可以算做到仁了吧？"孔子说："这可以说是很难得的，但至于是不是做到了仁，那我就不知道了。"

【原文】

子曰："士而怀居①，不足以为士矣。"

【注释】

①怀居：怀，思念，留恋。居，家居。怀居，指留恋家居的安逸生活。

春山读书图

此画是元代画家王蒙的作品。此图章法缜密，崇冈叠起，长松成林，松荫下隐有茅屋数间，堂中人物端坐读《易》。水阁临溪，阁内有人倚栏远眺，一派春光淡怡之景。山石披麻、解索皴法互用，间以破笔、渴笔点苔。树干用笔古拙而灵活，以淡赭略润树身及茅屋，颇为雅致。

中国古代教育智慧

后羿射日

历史上有两位后羿,一位生于尧帝时代;一位生于夏朝时代,属有穷部落。夏朝时代的后羿是夏王朝第六任帝,嫦娥的丈夫,同尧帝时代的后羿一样,也善于射箭。尧帝时代的后羿,善于射箭,传说中曾射下九日。

【译文】

孔子说:"士如果留恋家庭的安逸生活,就不配做士了。"

【原文】

子曰:"邦有道,危①言危行;邦无道,危行言孙②。"

【注释】

①危:直,正直。
②孙:通"逊",谦逊。

【译文】

孔子说:"国家政治清明,要正言正行;国家政治黑暗,还要行为正直,但说话要随和谨慎。"

【原文】

南宫适①问于孔子曰:"羿②善射,奡③荡舟④,俱不得其死然。禹稷⑤躬稼而有天下。"夫子不答。

南宫适出。子曰:"君子哉若人!尚德哉若人!"

【注释】

①南宫适:适,音kuò,同"括",即南容。

②羿:音yì,传说中夏代有穷国的国君,善于射箭,曾夺夏太康的王位,后被其臣寒浞所杀。

③奡:音ào,传说中寒浞的儿子,后来为夏少康所杀。

④荡舟:用手推船。传说中奡力大,善于

水战。

⑤禹稷：禹，夏朝的开国之君，善于治水，注重发展农业。稷，传说是周朝的祖先，又为谷神，教民种植庄稼。

【译文】

南宫适问孔子："羿善于射箭，奡善于水战，最后都不得好死。禹和稷都亲自种植庄稼，却得到了天下。"孔子没有回答。

南宫适出去后，孔子说："这个人真是个君子呀！这个人多么尊尚道德！"

【原文】

或问子产。子曰："惠人也。"

问子西①。曰："彼哉！彼哉！"

问管仲。曰："人也②。夺伯氏③骈邑④三百，饭疏食，没齿⑤无怨言。"

【注释】

①子西：这里的子西指楚国的令尹，名申。

②人也：即此人也。

③伯氏：齐国的大夫。

④骈邑：地名，伯氏的采邑。

⑤没齿：死。

【译文】

有人问子产是个怎样的人。孔子说："是个有恩惠于人的人。"

又问子西。孔子说："他呀！他呀！"

又问管仲。孔子说："他是个人才，剥夺了伯氏骈邑三百户的采地，使伯氏只能吃粗

大禹

大禹，颛顼之孙，姒姓，号禹。因平治洪水有功，受舜禅让为天子，世称为大禹。在位八年而卒，禅位于益。禹子启诛杀益，成为夏朝第一个皇帝。禹也称为夏后氏。夏禹公而忘私、不畏艰险驯服洪水的业绩，成为中华民族精神的象征。

粮，到死没有怨恨的话。"

【原文】

子路曰："桓公杀公子纠①，召忽②死之，管仲不死。"曰："未仁乎？"子曰："桓公九合诸侯③，不以兵车④，管仲之力也。如其仁⑤，如其仁。"

【注释】

①公子纠：齐桓公的哥哥。齐桓公与他争位，杀掉了他。

②召忽：管仲和召忽都是公子纠的家臣。公子纠被杀后，召忽自杀，管仲归服于齐桓公，并当上了齐国的宰相。

③九合诸侯：指齐桓公多次召集诸侯盟会。

④不以兵车：即不用武力。

⑤如其仁：这就是他的仁德。

【译文】

子路说："齐桓公杀了公子纠，召忽自杀以殉，但管仲却没有自杀。管仲不能算是仁人吧？"孔子说："桓公多次召集各诸侯国的盟会，不用武力，都是管仲的力量啊。这就是他的仁德，这就是他的仁德。"

【原文】

子贡曰："管仲非仁者与？桓公杀公子纠，不能死，又相之。"子曰："管仲相桓公，霸诸侯，一匡天下，民到于今受其赐。微①管仲，吾其被发左衽②矣。岂若匹夫匹妇之为谅③也，自经④于沟渎⑤而莫之知也。"

齐桓公铜像

齐桓公（？—前643年），姓姜，名小白，姜太公吕尚十二代孙，齐襄公弟。襄公死后，公子纠回国即位。任用管仲改革，选贤任能，加强武备，发展生产。号召"尊王攘夷"，援救邢、卫，阻止狄族进攻中原。联合中原各国攻楚之盟国蔡，与楚会盟。又安定周朝王室内乱，多次会盟诸侯，成为春秋五霸之首。

【注释】

①微：无，没有。

②被发左衽：被，通"披"。衽，衣襟。被发左衽，当时的夷狄之俗。

③谅：遵守信用。这里指小节小信。

④自经：自缢，上吊自杀。

⑤渎：小沟渠。

【译文】

子贡问："管仲不能算是仁人了吧？桓公杀掉了公子纠，他不但不以身殉难，反而做了齐桓公的宰相。"孔子说："管仲辅佐桓公，称霸诸侯，匡正了天下，老百姓到了今天还能享受到他的好处。如果没有管仲，恐怕我们也要披散着头发，衣襟向左开了。他哪能像普通百姓那样恪守小节小信，在小山沟里自杀而谁也不知道呀。"

【故事】

践行大仁的管仲

管仲是春秋时期齐国的宰相。他少时丧父，老母在堂，生活贫苦，不得不过早地挑起家庭重担，为维持生计，与鲍叔牙合伙经商后从军到齐国。后来，管仲辅佐公子纠，好友鲍叔牙则辅助公子小白。

春秋末年，周王室衰微，一些较大的诸侯国为了争夺权力相互攻伐，齐国是其中实力较强的一个。齐襄公在位期间，政治黑暗，内部

管仲像

管仲是春秋时期齐国著名的政治家、军事家。春秋第一相，辅佐齐桓公成为春秋时期的第一霸主。他和鲍叔牙友情深厚，人称"管鲍之交"，成为中国代代流传的佳话。

中国古代教育智慧

鲍叔牙

鲍叔牙（？—前644年），春秋时齐国政治家，颍上（今属安徽）人。亦称"鲍叔""鲍子"。以善于知人著称。管仲相齐时，鲍叔牙甘居其下，一起治理国政。管仲去世后，鲍叔牙继管仲为相，周年而殁。

矛盾尖锐，齐襄公的兄弟和大臣都逃往国外。公子小白和公子纠也都出国寻找政治出路。公子纠的母亲是鲁国国君的女儿，所以管仲陪同公子纠来到鲁国，而公子小白则在鲍叔牙的保护下躲到了莒国。

齐襄公十二年（前686年）齐国内乱，这时逃亡在外的公子纠和公子小白都想趁此机会夺回君位。公子小白接到信后与鲍叔牙提前上路。当公子纠得知公子小白已经上路了，派管仲带人埋伏在路上准备偷袭公子小白。当公子小白飞马赶到时，管仲搭弓引箭向公子小白射去，公子小白大叫一声倒在地上装死。管仲误以为公子小白已死，就没有再追过去。其实公子小白只是受了伤，并无生命危险。公子小白与鲍叔牙快马加鞭赶到了齐国，顺利地当上了齐国的国君，就是后来历史上有名的齐桓公。

当管仲与公子纠知道公子小白没有死，便求得鲁国帮助攻打齐国，想要夺回王位。交战中鲁国大败，公子纠被杀，管仲也被装入了囚车送回齐国。鲍叔牙与管仲交情一直很深，到齐国边境的时候，鲍叔牙把管仲从囚车中放了出来，并劝说他辅助齐国以实现自己的理想。管仲本来就有"治国平天下"的远大抱负，再三考虑后答应了。齐桓公本想处死管仲，报一箭之仇；但经过鲍叔牙的多次劝谏，加上桓公也十分爱惜人才，就把管仲留在了身边。

齐桓公重用管仲之后，国家大事经常向他请教。齐桓公向管仲请教富国强兵的道理，管仲回答道:"要想使国家富强,社会安定,必须要先安抚民心。要得民心,应当先从爱惜百姓做起。国君如果能够爱惜百姓,百姓就自然愿为国家出力。爱惜百姓就得先使百姓富足,百姓富足以后国家就治理得好。"他还说:"兵在精不在多。兵的战斗能力要强,士气必须旺盛。士气盛了,军队的训练就会更好。"齐桓公非常欣赏管仲这套富国强兵、成就霸业的道理。不久就任用管仲为相。齐桓公在管仲的帮助下灭掉了郯、遂等国,其他诸侯国也都承认了齐国的霸主地位。

"金无足赤,人无完人。"虽然管仲在执政的后期,生活比较奢侈,有违"礼"的原则;但是他以民为本,使齐国国富民强,帮助齐桓公召集诸侯会盟,成就霸业。"大行不顾细谨",管仲功德巍巍,不愧为千古名相。

管仲墓

管仲死后,葬于山东临淄牛山北麓。

第十五篇 卫灵公

春秋楚国王子午铜鼎

【原文】

卫灵公问陈①于孔子。孔子对曰:"俎豆②之事,则尝闻之矣;军旅之事,未之学也。"明日遂行。

【注释】

①陈:通"阵",军队作战时布列的阵势。

②俎豆:俎,音zǔ。俎豆是古代盛食物的器皿,被用作祭祀时的礼器。

【译文】

卫灵公向孔子问军队列阵之法。孔子回答说:"祭祀礼仪方面的事情,我还听说过;用兵打仗的事,从来没有学过。"第二天,孔子便离开了卫国。

【原文】

在陈绝粮,从者病,莫能兴。子路愠①见,曰:"君子亦有穷乎?"子曰:"君子固穷②,小人穷斯滥矣。"

【注释】

①愠:音yùn,怒,怨恨。

②固穷:固守穷困,安守穷困。

【译文】

孔子一行在陈国断了粮食,随从的人都饿病了。子路很不高兴地来见孔子,说道:"君子也有穷得毫无办法的时候吗？"孔子说："君子虽然穷困，但还是坚持着，小人一遇穷困就无所不为了。"

【原文】

子曰："赐①也！女以予为多学而识之者与？"对曰："然，非与？"曰："非也，予一以贯之。"

【注释】

①赐：姓端木名赐，字子贡，卫国人，比孔子小三十一岁，是孔子的学生，生于公元前520年。子贡善辩，孔子认为他可以做大国的宰相。据《史记》记载，子贡在卫国做了商人，家有财产千金。

【译文】

孔子说："赐啊！你以为我是学习得多了才一一记住的吗？"子贡答道："是啊，难道不是这样吗？"孔子说："不是的，我有一个基本观念来贯穿它。"

【原文】

子曰："直哉史鱼①！邦有道，如矢②；邦无道，如矢。君子哉蘧伯玉！邦有道，则仕；邦无道，则可卷而怀之。"

【注释】

①史鱼：卫国大夫，名䲡，字子鱼，他多次向卫灵公推荐蘧伯玉。

②如矢：矢，箭。如矢，形容其直。

儒商子贡

端木赐，字子贡，春秋末卫国黎地（今浚县）人。他十七岁拜孔子为师，深得孔子学说真谛和儒家思想精髓，被崇誉为"孔门十哲"之一。他是儒家思想的成功传播者和伟大实践者，被誉为"孝圣"，还是春秋战国时著名的思想家、外交家、纵横家，同时他创业经商，是儒家首富，成为"中华儒商第一人"。端木赐死于齐国。死后至唐开元二十七年（739年）追封其为"黎侯"，宋大中符二年（1009年）加封为"黎公"，明嘉靖九年改称"先贤端木子"。

中国古代教育智慧

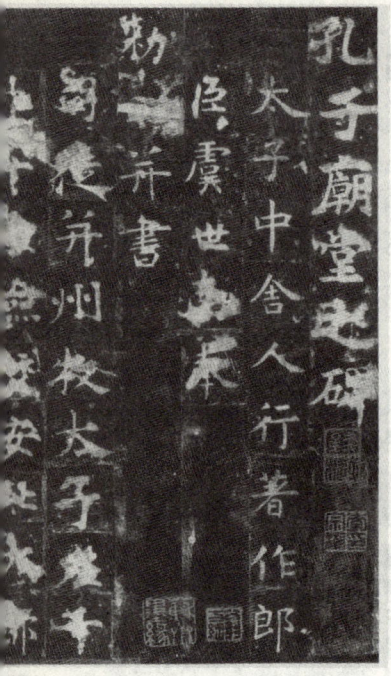

孔子庙堂碑

《孔子庙堂碑》是唐代书法家虞世南的楷书代表作。

【译文】

孔子说:"史鱼真是正直啊!政治清明时,他的言行像箭一样直;政治黑暗时,他的言行也像箭一样直。蘧伯玉也真是一位君子啊!政治清明时就出来做官,政治黑暗时就(辞退官职)把自己的主张隐藏在心里。"

【原文】

子曰:"志士仁人,无求生以害仁,有杀身以成仁。"

【译文】

孔子说:"志士仁人,没有因贪生怕死而损害仁德的,只有勇于牺牲来成全仁德。"

【原文】

子贡问为仁。子曰:"工欲善其事,必先利其器。居是邦也,事其大夫之贤者,友其士①之仁者。"

【注释】

①士:《论语》中的"士",在不同的环境下有不同的意思。此处和"大夫"并言,是"士、大夫"之士,指已经做官而位置在大夫之下的人。

【译文】

子贡问怎样实行仁德。孔子说:"做工的人想把活儿做好,必须首先使他的工具锋利。住在这个国家,就要侍奉大夫中的那些贤者,与士人中的仁者交朋友。"

论语的教育智慧

【原文】

子曰："臧文仲①其窃位②者与！知柳下惠③之贤而不与立也。"

【注释】

①臧文仲：鲁国的大夫臧孙辰，历仕庄、闵、僖、文四朝。

②窃位：身居官位而不称职。

③柳下惠：春秋中期鲁国大夫，本名展获，字禽，他受封的地名是柳下，惠是他的私谥，所以，人称其为柳下惠。

【译文】

孔子说："臧文仲是个做官不管事的人吧！他明知道柳下惠是个贤人，却不举荐他做官。"

【原文】

子曰："不曰'如之何①，如之何'者，吾末②如之何也已矣。"

【注释】

①如之何：怎么办的意思。

②末：这里指没有办法。

【译文】

孔子说："从来遇事不说'怎么办，怎么办'的人，对这种人，我也不知道怎么办了。"

【原文】

子曰："君子病①无能焉，不病②人之不己知也。"

柳下惠

柳下惠（前720—前621年），本姓展，名获，字禽，是鲁孝公的儿子公子展的后裔，后世尊为"和圣"。他做过鲁国大夫，后来隐遁，成为"逸民"，也是中国柳姓的得姓始祖。柳下惠被认为是遵守中国传统道德的典范，他"坐怀不乱"的故事中国历代广为传颂。

中国古代教育智慧

文天祥

文天祥（1236—1283年），字宋瑞，号文山，庐陵人。南宋大臣，文学家，伟大的民族英雄。二十岁中状元，三十九岁奉诏勤王卫国，四十岁任右丞相兼枢密使，督诸路军马抗元，兵败被俘，后英勇就义。留下《指南录》和《指南后录》等诗作，记载了他奋勇抗元斗争的光辉历程，堪称"诗史"。狱中所作《正气歌》，尤为世人所传颂。

【注释】

①病：惭愧。

②病：怨恨。

【译文】

孔子说："君子只惭愧自己没有才能，不怨恨别人不知道自己。"

【原文】

子曰："君子矜①而不争，群而不党。"

【注释】

①矜：音jīn，庄重的意思。

【译文】

孔子说："君子庄重而不与别人争执，合群而不结党营私。"

【原文】

子曰："有教无类①。"

【注释】

①类：类别，区别。

【译文】

孔子说："人人都可以接受教育，没有（贫富、地域等）区别。"

【故事】

杀身成仁的文天祥

人最宝贵的是生命，但还有比生命更宝贵的，那就是"仁"。"杀生成仁"，"舍生取义"的生之大道，自古以来就激励着无数仁人志士为国家大业和民族的尊严抛头颅、洒热血。

宋恭帝德祐元年（1275年）正月，元军大举进攻，宋军的长江防线全线崩溃，朝廷下诏让各地组织兵马。文天祥几乎捐献了全部家资充当军费，又招募豪杰，组建了一支万余人的义军，开始了戎马生涯。

第二年正月，元军兵临临安，文武官员纷纷出逃。谢太后任命文天祥为右丞相兼枢密使，派他出城与伯颜谈判，企图与元军讲和。文天祥到了元军大营，却被伯颜扣留。谢太后见大势已去，只好献城纳土，向元军投降。

元军占领了临安，但南宋还未被元军完全控制和占领。于是，伯颜企图诱降文天祥，利用他的声望来尽快收拾残局。文天祥宁死不屈，伯颜将他押解到北方。行至镇江，文天祥冒险出逃，经过许多艰难险阻，于景炎元年（1276年）五月二十六日辗转到达福州，被宋端宗赵昰任命为右丞相。

祥兴元年（1278年），端宗弟弟赵昺即位。文天祥先后转移到汀州（今福建长汀）、漳州、龙岩、梅州等地，联络义军坚持斗争。

文天祥纪念馆

文天祥纪念馆位于江西吉安县城的文山公园内，为一组仿宋建筑。此馆舍为四合院结构，中为天井，四周长廊连接文山阁、四贤祠、竹居、状元楼、诗碑楼。馆内陈列有文天祥生平及其遗物、手迹、著作等。

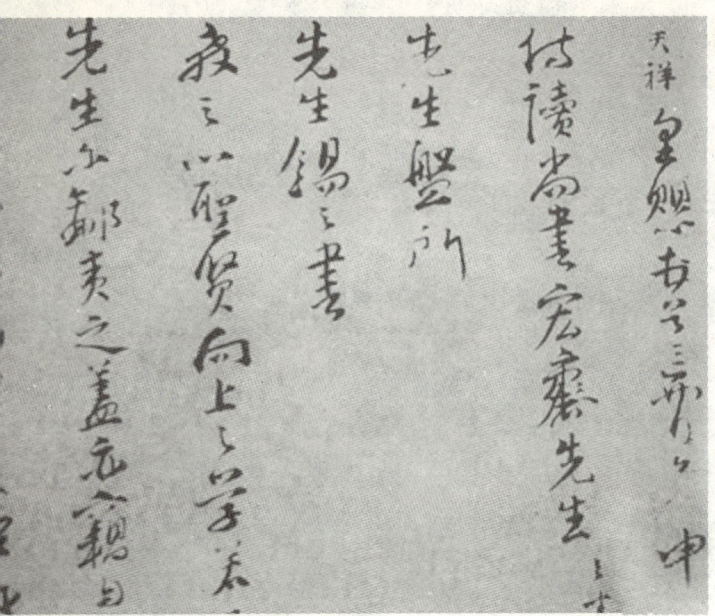

文天祥手迹《宏斋帖》

同年冬,元军大举来攻,文天祥在率部向海丰撤退的途中遭到元将张弘范的攻击,兵败被俘。

文天祥服毒自杀未遂,被张弘范押往厓山。张弘范一再强迫文天祥写信招降其他将领。文天祥于是将前些日子写的《过零丁洋》一诗抄录给张弘范。张弘范读到"人生自古谁无死,留取丹心照汗青"两句时,不禁也受到感动,不再强逼文天祥了。

南宋在厓山灭亡后,元世祖命令张弘范对文天祥以礼相待,将他软禁在大都,决心劝降他。元世祖首先派降元的原南宋左丞相留梦炎对文天祥进行劝降。文天祥一见留梦炎便怒不可遏,留梦炎只好悻悻而去。元世祖又让降元的宋恭帝赵㬎来劝降。文天祥北跪于地,痛哭流涕,对赵㬎说:"圣驾请回!"赵㬎无话可说,怏怏而去。元世祖大怒,于是下令将文天祥关进兵马司的牢房。

元丞相孛罗亲自开堂审问文天祥。堂上文天祥对孛罗只行了一个拱手礼,孛罗喝令左右强制文天祥下跪。文天祥竭力挣扎,始终不肯屈服。孛罗问文天祥:"你现在还有什么话可说?"文天祥回答:"天下事有兴有衰。国亡受戮，历代皆有。我为宋尽忠，只愿早死！"孛罗大发雷霆，说："你要死？我偏不让你死。我要关押你！"文天祥毫不畏惧，说："关押我也不怕，我愿为正义而死！"

元世祖至元十九年（1282年）三月，右丞相和礼霍孙提出以儒家思想治国，颇得元世祖赞同。十二月八日，元世祖召见文天祥许以高官显位。文天祥说："我是大宋的宰相。国家灭亡了，我只求速死。"元世祖又问："那你愿意怎么样？"文天祥回答："但愿一死足矣！"元世祖气急败坏，于是下令立即处死文天祥。第二天，文天祥从容就义。

文天祥以他一生的行动告诉了人们，头颅可断，但道义是不会被征服的。这种道义，不但属于每一个人，也属于他们的国家、民族。

论语的教育智慧

元世祖

忽必烈（1215—1294年），成吉思汗之孙，蒙哥汗的弟弟，元朝的创始皇帝，庙号世祖，也是第五代蒙古大汗。1260年继承汗位，1271年改国号为大元，即位为皇帝，并开始南下攻打南宋。1279年，南宋灭亡，忽必烈统一了全中国。

中国古代教育智慧

第十六篇　季氏

【原文】

季氏将伐颛臾①。冉有、季路见于孔子曰："季氏将有事②于颛臾。"

孔子曰："求！无乃尔是过与？夫颛臾，昔者先王以为东蒙主③，且在邦域之中矣，是社稷之臣也。何以伐为？"

冉有曰："夫子欲之，吾二臣者皆不欲也。"

孔子曰："求！周任④有言曰：'陈力就列⑤，不能者止。'危而不持，颠而不扶，则将焉用彼相⑥矣？且尔言过矣，虎兕⑦出于柙⑧，龟玉毁于椟中，是谁之过与？"

冉有曰："今夫颛臾，固而近于费。今不取，后世必为子孙忧。"

孔子曰："求！君子疾夫舍曰欲之而必为之辞。丘也闻有国有家者，不患寡而患不均，不患贫而患不安⑨。盖均无贫，和无寡，安无倾。夫如是，故远人不服，则修文德以来之。既来之，则安之。今由与求也，相夫子，远人不服而不能来也；邦分崩离析而不能守也；而谋动干戈于邦内。吾恐季孙之忧，不在颛臾，而在萧墙⑩之内也。"

【注释】

①颛臾：音zhuān yú，鲁国的附属国，在今山东省费县西。

聘庞图

此画出自明代画家倪端之手。倪端，字仲正，杭州人，生卒年不详。工书善画，长于道释人物，兼工花卉，山水宗马远一派。《聘庞图》描绘的是三国时荆州刺史刘表聘请隐士庞德公的历史故事。画面层峦叠嶂，高耸入云。用笔劲健，墨色富有层次。整幅图极为精细、谨严，堪称明代院体人物画的代表作。

②有事：指有军事行动，用兵作战。

③东蒙主：东蒙，蒙山。主，主持祭祀的人。

④周任：人名，周代史官。

⑤陈力就列：陈力，发挥能力，按才力担任适当的职务。

⑥相：搀扶盲人的人叫相，这里是辅助的意思。

⑦兕：音sì。雌性犀牛。

⑧柙：音xiá，用以关押野兽的木笼。

⑨不患寡而患不均，不患贫而患不安：当作"不患贫而患不均，不患寡而患不安"，"贫"和"均"是从财富着眼，下文"均无贫"可以为证；"寡"和"安"是从人民着眼，下文"和无寡"可以为证。

⑩萧墙：照壁屏风。这里指宫廷之内。

【译文】

季氏将要讨伐颛臾。冉有、子路去见孔子说："季氏快要攻打颛臾了。"

孔子说："冉求，这不就是你的过错吗？颛臾从前是周天子让它主持东蒙的祭祀的，而且已经在鲁国的疆域之内，是国家的臣属啊，为什么要讨伐它呢？"

冉有说："季孙大夫想去攻打，我们两个人都不愿意。"

孔子说："冉求！周任有句话说：'尽自己的力量去负担你的职务，实在做不好就辞职。'有了危险不去扶助，跌倒了不去搀扶，

论语的教育智慧

孔子画像

中国古代教育智慧

传说中的巨阙剑

战国初期，中国古代铸剑鼻祖欧冶子曾为越王铸了五把名剑，巨阙剑即是其中之一。

那还用辅助的人干什么呢？而且你说的话错了。老虎、犀牛从笼子里跑出来，龟甲、玉器在匣子里毁坏了，这是谁的过错呢？"

冉有说："现在颛臾城墙坚固，而且离费邑很近。现在不把它夺取过来，将来一定会成为子孙的忧患。"

孔子说："冉求，君子痛恨那种不肯实说自己想要那样做而又一定要找出理由来为之辩解的做法。我听说，对于诸侯和大夫，不怕贫穷，而怕财富不均；不怕人口少，而怕不安定。由于财富均了，也就没有所谓贫穷；大家和睦，就不会感到人少；安定了，也就没有倾覆的危险了。因为这样，所以如果远方的人还不归服，就用仁、义、礼、乐招徕他们；已经来了，就让他们安心住下。现在，仲由和冉求你们两个人辅助季氏，远方的人不归服，而不能招徕他们；国内民心离散，你们不能保全，反而策划在国内使用武力。我只怕季孙的忧患不在颛臾，而是在自己的内部。"

【原文】

孔子曰："天下有道，则礼乐征伐①自天子出；天下无道，则礼乐征伐自诸侯出。自诸侯出，盖十世希②不失矣；自大夫出，五世希不失矣；陪臣③执国命，三世希不失矣。天下有道，则政不在大夫。天下有道，则庶人④不议。"

【注释】

①礼乐征伐：指制作礼乐及发令征伐的权力。

②希：同"稀"，很少。
③陪臣：大夫的家臣。
④庶人：老百姓。

【译文】

孔子说："天下有道的时候，制作礼乐和出兵打仗都由天子做主决定；天下无道的时候，制作礼乐和出兵打仗，由诸侯做主决定。由诸侯做主决定，大概经过十代很少有不垮台的；由大夫决定，经过五代很少有不垮台的。天下有道，国家政权就不会落在大夫手中。天下有道，老百姓也就不会议论国家政治了。"

【原文】

孔子曰："益者三友，损者三友。友直，友谅①，友多闻，益矣。友便辟②，友善柔③，友便佞④，损矣。"

【注释】

①谅：诚信。
②便辟：惯于走邪道。
③善柔：善于和颜悦色骗人。
④便佞：惯于花言巧语。

【译文】

孔子说："有益的交友有三种，有害的交朋友有三种。同正直的人交朋友，同诚信的人交朋友，同见闻广博的人交友，这是有益的。同惯于走邪道的人交朋友，同善于阿谀奉承的

伯牙鼓琴图（部分）

此画为元代画家王振鹏的作品。图绘春秋时伯牙、钟子期的故事。伯牙鼓琴，钟子期聆听，画面呈对称结构，人物神情生动，笔法流利劲健。淡墨渲染较多，与一般白描法稍有区别。

人交朋友，同惯于花言巧语的人交朋友，这是有害的。"

【原文】

齐景公有马千驷①，死之日，民无德而称焉。伯夷叔齐饿死于首阳之下，民到于今称之。其斯②之谓与？

【注释】

①驷：古代同驾一辆车的四匹马。
②斯：代词，这，这个。

【译文】

齐景公有马四千匹，死的时候，百姓们觉得他没有什么德行可以称颂。伯夷、叔齐饿死在首阳山下，百姓们到现在还在称颂他们。说的就是这个意思吧？

【故事】

宁饿死不食周粟的伯夷、叔齐

在商代末年，孤竹国（在今河北省）的国君有两个儿子，哥哥叫伯夷，弟弟叫叔齐。国王很钟爱叔齐，想把王位传给他，伯夷知道了父亲的心意，主动离开孤竹；叔齐不愿接受哥哥让给他的王位，也躲了起来。

为了躲避残暴的商纣王，伯夷、叔齐居住在北海之滨和东夷人一起生活。听到西伯昌（即周文王）兴起，国内稳定，生产发展很快。他们高兴地说："应该从东夷回去了，我们听说西伯的国内很安定，很适合老年人居

周武王

周武王姬发，生卒年不详，周文王姬昌次子，西周第一代帝王。因商纣暴虐无道，他继承父亲遗志，于公元前11世纪消灭殷商王朝，建立了西周王朝，表现出卓越的军事、政治才能，成为中国历史上一代名君。在位十九年崩，谥号武王。

住。"于是他们相约到周国去。但是在中途就遇见了周武王伐纣的大军，原来这时周文王已经死去，周武王用车拉着周文王的木主，正在进军讨伐商纣。

伯夷、叔齐是重礼守德之人，便跑上去拉住武王的马缰绳，劝谏道："父死未葬，就大动干戈，攻伐别人，这能说是孝吗？作为臣子，却去攻伐君主，这能说是仁吗？"武王的将士听了这些话，非常生气，拔出剑来要杀他们，被太公望制止住了。太公说："这是讲道德的人。"吩咐将士不要为难他们。

后来周武王与商纣王大战于牧野，血流飘杵，周武王终于打败了殷纣王，灭掉了商朝，建立了新的王朝周朝。天下人都尊奉周武王为天子，伯夷、叔齐认为这是件可耻的事，决心不做周臣，不食周粟。他们互相搀扶着离开了周朝的统治区，在首阳山隐居下来，靠采薇菜充饥。快要饿死时，在采薇菜时，他们还唱着歌说："上那个西山哪，采这里的薇菜。用那强暴的手段来改变强暴的局面，我真不理解这样做算是对呀？先帝神农啊，虞夏啊！这样的盛世，恐怕不会有了。我们上哪里去呢，真可叹啊！我的生命就要结束了。"歌罢，就饿死在首阳山上。

伯夷、叔齐不食周粟饿死在首阳山之上。他们的行为在今天的人看来自然迂腐可笑，甚至是逆历史潮流而动，可是他们让国和不食周粟以身殉道的行为，得到了古人的大力推崇。

殷纣王

殷纣王（前1075—前1046年），名受，号帝辛，商代最后一位君主。纣王继位后，励精图治，锐意改革，发展生产，使先进的中原文化向淮河、长江流域传播，为中华民族的统一奠定了基础。征服东夷后，纣王逐渐骄傲恣肆，特别是晚年，好酒淫乐，不理政事，肆意残杀无辜。周武王乘机联合诸侯与纣王兵会战于牧野。纣王仓皇应战，败回朝歌，登鹿台蒙珠玉衣自焚而死。

中国古代教育智慧

采薇图

此图是南宋初画家李唐晚年人物画中的不朽之作。绘商末伯夷、叔齐在首阳山饿死的故事。两子席地对坐相话语,若有声出。衣褶原多用挺细圆劲的线线描,周围松树,以墨水晕染浅深,用笔粗细和谐。画树石皆湿笔,甚简,整个气氛肃穆沉毅,近处大树两株,一松一枫,奇倔如曲铁,而树身两相揖让,衬托着二位主人刚直不阿的性格。

人们认为他们是忠孝两全,高风亮节的人,甚为推崇。现在,在首阳山下,还有两座长满花草蕨薇,堆得像小山似的墓冢,那就是伯夷、叔齐的坟墓。如今坟前还立着一座碑楼,上刻"商逸民伯夷叔齐之墓",碑首阴刻着清代陕甘总督左宗棠篆书"百世之师"。楼眉横批:"高山仰止",两侧砖刻陇西王霖撰写的对联:"满山白薇,味压珍馐鱼肉;两堆黄土,光高日月星辰。"

评价一个人一生的功德,不在于他得到的物质财富的多少,也不在于他社会地位的高低,而是看他们的品德是否有可称道之处。伯夷、叔齐为了保全自己高洁的德行,宁愿饿死在首阳山下。千年以后,仍有人赞颂,就是例证。

第十七篇　阳货

【原文】

阳货①欲见孔子，孔子不见，归孔子豚②。

孔子时其亡③也，而往拜之。遇诸途④。谓孔子曰："来！予与尔言。"曰："怀其宝而迷其邦⑤，可谓仁乎？"曰："不可。""好从事而亟⑥失时，可谓知乎？"曰："不可。""日月逝矣，岁不我与⑦。"孔子曰："诺，吾将仕矣。"

春秋时期的龙耳虎足铜方壶

【注释】

①阳货：又叫阳虎，季氏的家臣。季氏几代以来把持鲁国的政治，阳货这时正又把持季氏的权柄。最后因企图削除三桓而未成，逃往晋国。

②归孔子豚：归，音kuì，通"馈"，赠送。豚，音tún，小猪。归孔子豚，赠给孔子一只熟小猪。

③时其亡：等他外出的时候。

④遇诸途：途，道路。遇诸途，在路上遇到了他。

⑤迷其邦：听任国家迷乱。

⑥亟：音qì，屡次。

⑦与：在一起，等待的意思。

【译文】

阳货想要孔子来拜会他，孔子不去，他便送给孔子一只熟小猪（想要孔子到他家来道

中国古代教育智慧

松下闲吟图

此画为宋代马远所作,图绘一高士倚栏而坐,凝神远眺,神情悠然;远处正有一只仙鹤迎面飞来;松崖旁有一书童侍立于石几前,石几之上纸砚铺陈;近处松崖、竹石掩映成趣,整幅画面气象清旷,意境悠远。

谢)。

孔子打听到阳货不在家时,去阳货家拜谢,却在半路上遇见了。阳货对孔子说:"来!我有话要跟你说。"(孔子走过去)阳货说:"把自己的本领藏起来而听任国家迷乱,这可以叫作仁吗?"孔子说:"不可以。"阳货说:"一个人喜欢参与政事,却又屡次错过机会,这可以叫作聪明吗?"孔子说:"不可以。"阳货说:"时间一天天过去了,年岁是不等人的。"孔子说:"好吧,我打算做官了。"

【原文】

子曰:"性相近也,习①相远也。"

【注释】

①习:习性,习惯,习染。

【译文】

孔子说:"人的性情本来是相近的,由于习染不同,便相距甚远。"

【原文】

子之武城①,闻弦歌②之声。夫子莞尔而笑,曰:"割鸡焉用牛刀?"

子游对曰:"昔者偃也闻诸夫子曰:'君

子学道则爱人，小人学道则易使也。'"

子曰："二三子！偃之言是也。前言戏之耳。"

【注释】

①武城：鲁国的一个小城，当时子游是武城宰。

②弦歌：弦，指琴瑟。以琴瑟伴奏歌唱。

【译文】

孔子到武城，听见弹琴唱歌的声音。孔子微笑着说："杀鸡何必用宰牛的刀呢？"

子游回答说："以前我听先生说过：'君子学习了礼乐就能爱人，小人学习了礼乐就容易指使。'"

孔子说："学生们，言偃的这话是正确的。我刚才说的话，只是开个玩笑罢了。"

【原文】

子曰："由也，女闻六言六蔽矣乎？"对曰："未也。"

"居①，吾语女。好仁不好学，其蔽也愚②；好知不好学，其蔽也荡③；好信不好学，其蔽也贼④；好直不好学，其蔽也绞⑤；好勇不好学，其蔽也乱；好刚不好学，其蔽也狂。"

【注释】

①居：坐。

②愚：受人愚弄。

③荡：放荡。好高骛远而没有根基。

④贼：害。

⑤绞：说话尖刻。

论语的教育智慧

雨后空林图

此画是元代画家倪瓒的作品，此图与其他图相比，青绿设色，幅度要稍大一些，实而满一些。构图还是典型一河两岸的面貌。其坡石吸收了荆、关、李成的笔意，枯树干挺枝疏，用笔简逸。图中干湿墨互用，其干笔淡墨用得尤妙，真正达到了有意无意、若淡若无，给人以清幽静谧的感受。

中国古代教育智慧

孔子圣迹图

图为清代画家焦秉贞所作,生卒年不详,活动于雍正、乾隆年间。此图所绘为孔子周游列国、游说诸王的典故。孔子方面密髯,俯身拱手,席地而坐,神情恭肃;国王和颜悦色,静坐在孔子对面的红木椅上,作侧耳聆听状。国王身后三五随臣,交头接耳。此图合人物、树石、界画为一体,充分体现了宫廷画家全面、扎实的技法功力。

【译文】

孔子说:"由呀,你听说过六种品德和六种弊病了吗?"子路回答说:"没有。"

孔子说:"坐下,我告诉你。爱好仁德而不爱好学习,它的弊病是受人愚弄;爱好智慧而不爱好学习,它的弊病是行为放荡;爱好诚信而不爱好学习,它的弊病是危害亲人;爱好直率却不爱好学习,它的弊病是说话尖刻;爱好勇敢却不爱好学习,它的弊病是犯上作乱;爱好刚强却不爱好学习,它的弊病是狂妄自大。"

【原文】

宰我问:"三年之丧,期已久矣。君子三年不为礼,礼必坏;三年不为乐,乐必崩。旧谷既没,新谷既升,钻燧改火①,期②可已矣。"

子曰:"食夫稻③,衣夫锦,于女安乎?"曰:"安。""女安,则为之!夫君子之居丧,食旨④不甘,闻乐不乐,居处不安,故不为也。今女安,则为之!"

宰我出,子曰:"予之不仁也!子生三

年,然后免于父母之怀。夫三年之丧,天下之通丧也。予也有三年之爱于其父母乎?"

【注释】

①钻燧改火:古人钻木取火,四季所用木头不同,每年轮一遍,叫改火。

②期:音jī,一年。

③食夫稻:古代北方少种稻米,故大米很珍贵。这里是说吃好的。

④旨:甜美,指吃好的食物。

【译文】

宰我问:"服丧三年,时间太长了。君子三年不讲究礼仪,礼仪必然败坏;三年不演奏音乐,音乐就会荒废。旧谷吃完,新谷登场,钻燧取火的木头轮过一遍,有一年的时间就可以了。"

孔子说:"(父母死了不到三年)你就吃开了大米饭,穿起了锦缎衣,你心安吗?"宰我说:"我心安。"孔子说:"你心安,你就那样去做吧!君子守丧,吃美味不觉得香甜,听音乐不觉得快乐,住在家里不觉得舒服,所以不那样做。如今你既觉得心安,你就那样去做吧!"

宰我出去后,孔子说:"宰予真是不仁啊!小孩生下来,到三岁时才能离开父母的怀抱。服丧三年,这是天下通行的丧礼。难道宰予就没有从他父母那里得到三年怀抱的爱护吗?"

燧人氏钻木取火

中国古代教育智慧

孔子文化馆

【故事】

仲由负米孝双亲

仲由是春秋时期鲁国人，孔子的学生。他身材高大，耿直豪爽，武艺高强，对父母十分孝顺，是乡里有名的孝子。

子路年少时，家中十分贫困，有时候连饭都吃不上，他常去富贵人家干活。因饭量大，他时常以糠菜、杂粮充饥，但他从不让父母吃一顿糠菜。仲由觉得自己吃野菜没关系，但怕父母营养不够，身体不好，很是担心。

家里没有米，为了让父母吃到米，他必须要走到百里之外才能买到米，再背着米赶回家里，奉养双亲。百里之外是非常远的路程，也许现在有人也可以做到一次、两次。可是一年四季经常如此，就非常不易，然而仲由却甘之如饴。为了能让父母吃到米，不论寒风烈日，都不辞辛劳地跑到百里之外买米，再背回家。

冬天，冰天雪地，天气非常寒冷，仲由顶着鹅毛大雪，踏着河面上的冰，一步一滑地往前走，脚被冻僵了。抱着米袋的双手实在冻得不行，便停下来，放在嘴边暖暖，然后继续赶路。

夏天，烈日炎炎，汗流浃背，仲由都不停下来歇息一会儿，只为了能早点回家给父母做可口的饭菜；遇到大雨时，仲由就把米袋藏在自己的衣服里，宁愿淋湿自己也不让大雨淋到米袋；刮风就更不在话下。如此艰辛，仲由仍

· 146 ·

论语的教育智慧

持之以恒，实在是令人佩服和感动。

后来仲由的父母双双过世，他南下到了楚国。楚王聘他当官，给他很优厚的待遇。一出门就有上百辆的马车跟随，每年给的俸禄非常多。所吃的饭菜很丰盛，每天山珍海味不断，过着富足的生活。

但他并没有因为物质条件好而感到欢喜，反而时常感叹。因为他的父母已经不在了。他是多么希望父母能在世和他一起过好生活；可是父母已经不在了，即使他想再负米百里之外奉养双亲，都永远不可能了。

尽孝并不是用物质来衡量的，而是要看你对父母是不是发自内心的诚敬。孝无贵贱之分，上自皇帝下至百姓，只要有孝心，在任何情况下，我们都应该曲承亲意，尽力去做到。

仲由百里负米

仲由，字子路，春秋时期鲁国人，孔子的得意弟子，性格直率勇敢，十分孝顺。早年家中贫穷，自己常常采野菜做饭食，却从百里之外负米回家侍奉双亲。父母死后，他做了大官，生活十分优裕。他常常怀念双亲，慨叹说："即使我想吃野菜，为父母亲去负米，哪里能够再得呢？"孔子赞扬说："你侍奉父母，可以说是生时尽力，死后思念哪！"

中国古代教育智慧

子贡古画像

孝敬父母是我们为人子女应尽的义务,也是我们中华民族的传统美德。我们能孝敬父母的时间是一日一日递减的。如果不及时行孝,很可能会留下终身的遗憾。但愿我们在父母健在的时候,及时孝养,不要等到追悔莫及的时候,才思亲、痛亲之不在。

第十八篇　微子

【原文】

微子①去之，箕子②为之奴，比干③谏而死。孔子曰："殷有三仁焉。"

【注释】

①微子：殷纣王的同母兄长，见纣王无道，劝他不听，遂离开纣王。

②箕子：箕，音jī。箕子是殷纣王的叔父。纣王荒淫无道，他就去劝纣王，见纣王不听，便披发装疯被降为奴隶。

③比干：殷纣王的叔父，屡次强谏，激怒纣王而被杀。

【译文】

微子离开了纣王，箕子做了他的奴隶，比干被杀死了。孔子说："殷商末年有三位仁人。"

【原文】

柳下惠为士师①，三黜②。人曰："子未可以去乎？"曰："直道而事人，焉往而不三黜？枉道而事人，何必去父母之邦？"

【注释】

①士师：典狱官，掌管刑狱。

②黜：罢免不用。

【译文】

柳下惠当典狱官，三次被罢免。有人说：

比干

比干（前1092—前1029年），子姓，沫邑人（今河南省卫辉北）。一生忠君爱国，力图改良朝政。据传因强谏被纣王剖心而死。周武王克殷后封墓，北魏孝文帝时因墓立庙。比干子坚公，周武王赐姓林，比干成为林姓的太始祖。

中国古代教育智慧

春秋时期瓷虎形器

"你不可以离开鲁国吗?"柳下惠说:"按正道事奉君主,到哪里不会被多次罢官呢?如果不按正道事奉君主,为什么一定要离开本国呢?"

【原文】

齐景公待①孔子曰:"若季氏②,则吾不能③;以季、孟之间④待之。"曰:"吾老矣,不能用也。"孔子行。

【注释】

①待:考虑如何对待。
②季氏:季孙氏,鲁国权位最高的上卿。
③不能:没有办法做到。
④以季、孟之间:以,按照。季、孟之间,指不能像季孙氏那样掌握大权,也不能像孟孙氏那样权位太低。

【译文】

齐景公讲到对待孔子的礼节时说:"像鲁君对待季氏那样,我做不到,我要用低于季氏而高于孟氏的待遇来对待他。"不久,又说:"我老了,没有什么作为。"孔子离开了齐国。

【原文】

楚狂接舆①歌而过孔子曰:"凤兮凤兮!何德之衰?往者不可谏,来者犹可追。已而,已而!今之从政者殆而!"

孔子下,欲与之言。趋而辟之,不得与之言。

【注释】

①楚狂接舆：楚国有一位狂人叫接舆，是位隐士。

【译文】

楚国的狂人接舆唱着歌从孔子的车旁走过，他唱道："凤凰啊，凤凰啊！你的德运怎么这么衰弱呢？过去的已经无可挽回，未来的还来得及改正。算了吧，算了吧！今天的执政者危乎其危！"

孔子下车，想同他谈谈，他却赶快避开，孔子没能和他交谈。

【原文】

子路从而后，遇丈人，以杖荷蓧①。子路问曰："子见夫子乎？"

丈人曰："四体不勤，五谷不分②，孰为夫子？"植其杖而芸。子路拱而立。

止子路宿，杀鸡为黍③而食④之。见其二子焉。明日，子路行以告。

子曰："隐者也。"使子路反见之。至，则行矣。

子路曰："不仕无义。长幼之节，不可废也；君臣之义，如之何其废之？欲洁其身，而乱大伦。君子之仕也，行其义也。道之不行，已知之矣。"

【注释】

①蓧：音diào，古代耘田所用的竹器。

②四体不勤，五谷不分：一说这是丈人指自己。分，是粪；不，是语气词。意为：我

子路问津（局部）

此画是明代画家仇英的作品。仇英（1498—1552年），字实父，一作实甫，号十洲，又号十洲仙史，太仓（今江苏太仓）人，移家吴县（今江苏苏州）。存世画迹有《赤壁图》《玉洞仙源图》《桃村草堂图》等。仇英擅长画人物、山水、花鸟，尤长于临摹。仇英是明代有代表性的画家之一，与沈周、文征明和唐寅被后世并称为"明四家""吴门四家"，亦称"天门四杰"。

中国古代教育智慧

忙于播种五谷，没有闲暇，怎知你夫子是谁？另一说是丈人责备子路。说子路手脚不勤，五谷不分。在这里，子路与丈人刚说了一句话，丈人并不知道子路是否真的四体不勤，五谷不分，没有可能说出这样的话。所以此处采用第一种解释。

③黍：音shǔ，黏小米。

④食：音sì，拿东西给人吃。

【译文】

子路跟随孔子出行，落在了后面，遇到一个老丈，用拐杖挑着除草的工具。子路问道："你看到我的老师了吗？"

老丈说："我手脚不停地劳作，五谷还来不及播种，哪里顾得上你的老师是谁？"说完，便扶着拐杖去除草。子路拱着手恭敬地站在一旁。

老丈留子路到他家住宿，杀了鸡，做了小米饭给他吃，又叫两个儿子出来与子路见面。第二天，子路赶上孔子，把这件事向他作了报告。

孔子说："这是个隐士啊。"叫子路回去再看看他。子路到了那里，老丈已经走了。

子路说："不做官是不对的。长幼间的关系是不可能废弃的，君臣间的关系怎么能废弃呢？想要自身清白，却破坏了根本的君臣伦理关系。君子做官，只是为了实行君臣之义的。至于道的行不通，早就知道了。"

蓬莱仙境图

此画为清代画家袁耀所作，以神话传说为题材描绘蓬莱仙境，图中山石陡峭，奇形怪状，苍茫大海，波涛汹涌；山中树木葱郁，楼阁宫殿华丽壮观，是神仙异人之所在。

【原文】

逸①民：伯夷、叔齐、虞仲②、夷逸、朱张、柳下惠、少连。子曰："不降其志，不辱其身，伯夷、叔齐与！"谓："柳下惠、少连，降志辱身矣，言中伦，行中虑，其斯而已矣。"谓："虞仲、夷逸，隐居放③言，身中清，废中权。我则异于是，无可无不可。"

【注释】

①逸：通"佚"，散失，遗弃。

②虞仲、夷逸、朱张、少连：此四人身世无从考，从文中意思看，当是没落贵族。

③放：放置，不再谈论世事。

【译文】

被遗落的人有：伯夷、叔齐、虞仲、夷逸、朱张、柳下惠、少连。孔子说："不降低自己的意志，不屈辱自己的身份，这是伯夷叔齐吧！"又说："柳下惠、少连是被迫降低自己的意志，屈辱自己的身份，但说话合乎伦理，行为合乎人心。"又说："虞仲、夷逸过着隐居的生活，说话很随便，能洁身自爱，离开官位合乎权宜。我就和他们这些人不同，没有什么可以，也没有什么不可以。"

【原文】

周公谓鲁公①曰："君子不施②其亲，不使大臣怨乎不以③。故旧无大故，则不弃也。无求备于一人。"

【注释】

①鲁公：指周公的儿子伯禽，封于鲁。

柳下惠

中国古代教育智慧

楚庄王

楚庄王（？—前591年），姓芈名侣，楚穆王的儿子，春秋五霸之一。公元前613年即位，在位三年，不出号令，日夜淫乐。后经大臣伍举谏言，勤理政事，任孙叔敖为相，整顿吏治，兴修水利，国力强盛。先后征服大小国二十多个，成为中原霸主。

②施：通"弛"，怠慢，疏远。
③以：用。

【译文】

周公对鲁公说："君子不疏远他的亲属，不使大臣们抱怨不用他们。旧友老臣没有大的过失，就不要抛弃他们。不要对某一人求全责备。"

【故事】

楚庄绝缨，宽则得众

君主要定国安邦，除了要严于律己，重视自身才智礼仪仁德方面的修养外，还要以宽厚、诚信对待臣下，才会凝聚人心，得到臣民的忠实拥护。即"宽则得众，信则民任"。

春秋时期，中国有许多诸侯国并存。楚国的国王楚庄王是一个英明、果决的君主，在他的治理下，楚国由一个新兴的小国逐渐变得强大起来。

有一天，楚庄王宴请文武百官，宫内的妃嫔们也都出席，大家一起饮酒作乐，听歌赏舞。宴会一直进行到傍晚，天色渐黑，但是君臣兴致越来越高，都不想散去。于是，楚庄王命令在大厅里点上蜡烛，继续喝酒狂欢。楚庄王坐在宝座上放眼望去，只见烛光照映之下，欢歌笑语，人影朦胧，别有一番景致，不禁兴致大发，就让自己最宠爱的两个妃子麦姬和许姬到大臣座前，轮流给各位大臣敬酒。

忽然，一阵风吹来，厅上烛火全被吹灭

了，顿时一片黑暗，什么都看不清了。这时，许姬感到有人拉住她的手抚摸了一把。许姬很恼怒，顺手就扯断了那人帽子上的缨饰，然后赶紧回到楚庄王身边，悄悄地对楚庄王说："刚才有人调戏我，我已经扯断了他帽子上的缨饰，一会儿点燃了烛火，大王看看谁的帽子上没有缨饰，就治他的罪。"楚庄王听完许姬的话后，却高声说："先别点蜡烛了，乘着黑喝酒，多有意思啊！"于是，大家就在黑暗中继续饮酒玩乐。过了一会儿，楚庄王问："今天我请大家喝酒，各位喝得高兴吗？"群臣齐声说："感谢大王，我们喝得非常高兴。"楚庄王又说："是真高兴吗？咱们不拽断帽缨，就不算尽兴！"大臣们一听，纷纷摘下帽子，扯断帽子上的缨饰。这时，楚庄王才吩咐把蜡烛点燃。众人互相一看，各自的帽子都已面目全非，无一完好，形状非常有趣，不禁都哈哈大笑起来，喝得更加痛快。直到天亮，君臣才心满意足地散去。

庄王出征雕像

许姬回到宫里，非常生气，埋怨楚庄王故意包庇调戏她的人。按照当时的法律，调戏王妃的人是要被处以死罪的。许姬说："大王这样纵容他们，以后他们还会做更多冒犯您的事。"楚庄王却笑一笑，说："我请大臣喝酒，目的是为了让大家玩得尽兴。酒后失态，

古代战车

是人之常情。如果我为了这点小事而治大臣的罪,不仅让宴会大煞风景,而且会让大臣觉得羞辱,这就不是我设宴的本意了。"

后来,楚庄王攻打郑国,有一位名叫唐狡的将军特别勇敢,他冲锋陷阵,斩将夺关,屡建奇功,令楚军士气高涨。楚国军队一直打到郑国的首都方才收兵,楚庄王也因此威名大振。原来唐狡就是在宴会上被许姬扯断帽缨的人,他奋勇杀敌,正是为了报答楚庄王的宽容大度。

楚庄王为了包容犯错误的大臣,而命令大家一起扯断帽缨的这次宴会,成为中国历史上有名的"绝缨会","楚庄绝缨"这个成语也由此产生。后来,人们就用这个成语劝诫大家要宽容待人。

第十九篇　子张

【原文】

子张曰："士见危致命①，见得思义，祭思敬，丧思哀，其可已矣。"

【注释】

①致命：献出生命。

【译文】

子张说："士遇见危险时能献出自己的生命，看见有利可得时能考虑是否符合义的要求，祭祀时能想到是否严肃恭敬，居丧的时候想到自己是否哀伤，这样就可以了。"

【原文】

子张曰："执①德不弘，信道不笃，焉能为有？焉能为亡②？"

【注释】

①执：实行。
②亡：通"无"。

【译文】

子张说："实行德而不能发扬光大，信仰道而不忠实坚定，（这种人）有他不多，没他不少。"

【原文】

子夏之门人问交①于子张。子张曰："子夏云何？"

对曰："子夏曰：'可者与②之，其不可者

子张

子张（前503—?），孔门弟子之一。春秋末陈国阳城（今河南登封）人。出身微贱，且犯过罪行，经孔子教育成才。虽学干禄，未尝从政，以教授终。

中国古代教育智慧

子夏

子夏，春秋末晋国温人（今河南温县人），是孔子后期学生中的佼佼者，才思敏捷，以文学著称，被孔子许为其"文学"科的高才生。

拒之。'"

子张曰："异乎吾所闻：君子尊贤而容众，嘉③善而矜④不能。我之大贤与，于人何所不容？我之不贤与，人将拒我，如之何其拒人也？"

【注释】

①交：交友。

②与：亲附，交好。

③嘉：赞美。

④矜：同情，怜悯。

【译文】

子夏的学生向子张寻问怎样结交朋友。子张说："子夏是怎么说的？"

答道："子夏说：'可以相交的就和他交朋友，不可以相交的就拒绝他。'"

子张说："我所听到的和这些不一样：君子既尊重贤人，又能容纳众人；能够赞美善人，又能同情能力不够的人。如果我是十分贤良的人，那我对别人有什么不能容纳的呢？我如果不贤良，那人家就会拒绝我，又怎么谈能拒绝人家呢？"

【原文】

子夏曰："虽小道①，必有可观者焉，致远恐泥②，是以君子不为也。"

【注释】

①小道：指各种农工商医卜之类的技能。

②泥：阻滞，不通，妨碍。

【译文】

子夏说:"虽然都是些小的技艺,也一定有可取的地方,但用它来达到远大目标就行不通了。"

【原文】

子夏曰:"日知其所亡①,月无忘其所能,可谓好学也已矣。"

【注释】

①亡:通"无"。

【译文】

子夏说:"每天学到一些过去所不知道的东西,每月都复习已经学会的东西,这就可以叫作好学了。"

【原文】

子夏曰:"博学而笃志①,切问②而近思,仁在其中矣。"

【注释】

①笃志:志,意为"识",此为强记之义。

②切问:问与切身有关的问题。

【译文】

子夏说:"广泛地学习,坚守自己的志趣;恳切地发问,多考虑当前的问题,仁德就在这中间了。"

【原文】

子夏曰:"百工居肆①以成其事,君子学以致其道。"

秋夜读书图

此画为清代画家蔡嘉所作。蔡嘉,生卒年不详,字松原,号雪堂,清朝江苏丹阳人,侨居扬州。所居曰高寒旧馆。画林荫下茅堂,篱门紧闭,堂中有一书生正秉烛攻读,一小童侍立一旁,窗外石级处立着一鹤,几棵树上的红叶点出了秋意。用笔简练,树石用浓墨渲染,用浓墨点苔,画法自成一家。

中国古代教育智慧

听琴图

此画是宋徽宗赵佶的作品。画中主人公,居中危坐石墩上,黄冠缁服作道士打扮。他微微低着头,轻轻地拨弄着琴弦。听者三人,右一人纱帽红袍,俯首侧坐,一手反支石墩,一手持扇按膝,陶醉在动人的曲调之中;左一人纱帽绿袍,拱手端坐,抬头仰望,正在神思遐想;在他旁边,站立着一个童子,双手交叉抱胸,正在用心细听。三个听众听琴,三种不同的神态,都刻画得惟妙惟肖,栩栩如生。

【注释】

①百工居肆:百工,各行各业的工匠。肆,古代社会制作物品的作坊。

【译文】

子夏说:"各行各业的工匠住在作坊里来完成自己的工作,君子通过学习来获得道。"

【原文】

子游曰:"子夏之门人小子,当洒扫应对进退,则可矣,抑①末也。本之则无,如之何?"

子夏闻之,曰:"噫!言游过矣!君子之道,孰先传焉?孰后倦②焉?譬诸草木,区以别矣。君子之道,焉可诬③也?有始有卒者,其惟圣人乎?"

【注释】

①抑:但是,不过。

②倦:诲人不倦。

③诬:欺骗。

【译文】

子游说:"子夏的学生,做些打扫和迎送客人的事情是可以的,但这些不过是末节小事,根本的东西却没有学到,这怎么行呢?"

子夏听了,说:"唉!子游错了。君子之道先传授哪一条,后传授哪一条,这就像草和木一样,都是分类区别的。君子之道怎么可以随意歪曲,欺骗学生呢?能按次序有始有终地教授学生们,恐怕只有圣人吧!"

【原文】

子夏曰："仕而优①则学，学而优则仕。"

【注释】

①优：有余力。

【译文】

子夏说："做官还有余力的人，就可以去学习；学习有余力的人，就可以去做官。"

【原文】

子贡曰："纣①之不善，不如是之甚也。是以君子恶居下流②，天下之恶皆归焉。"

【注释】

①纣：商代最后一个君主，名辛，纣是他的谥号，历来被认为是一个暴君。

②下流：即地形低洼各处来水汇集的地方。

【译文】

子贡说："纣王的不善，不像传说的那样厉害。所以君子憎恨处在下流的地方，使天下一切坏名声都归到他的身上。"

【故事】

博学而近思的张衡

"博学而笃志，切问而近思，仁在其中矣。"学、志、问、思之中都体现了仁的精神境界。对于读书人，博学多能而又志向弘毅，明辨多思，才能成就大学问。

东汉时期，张衡出身在南阳一个很有名

张衡画像

张衡（78—139年），天资聪明，敏而好学，博学多能，才华横溢，在世界科学文化史上树起了一座巍峨的丰碑，被誉为"世界文化名人，中国科学泰斗"。

中国古代教育智慧

地动仪

地动仪由张衡发明，成于阳嘉元年（132年），是世界上第一台观测和报告地震的仪器，比欧洲的地震仪要早一千七百多年。

望的诗书世家。他的祖父张堪小时候就被称为圣童，长大后战功显赫，为人光明磊落、视权贵如浮云。张衡像他的祖父一样，从小就立志高远，不耽于安乐，而是在艰难中刻苦自学，坚韧不拔，自励上进。勤奋好学，加上天资聪颖，使他很早就闻名乡里。

少年时代对日月星辰的观察，激发了张衡努力探索天文奥秘的决心。渴求知识的张衡总是感到自己知识的不足，不满十七岁时，他辞别父母独身一人到外地访师求学。他先入武关、后游三辅。在古都长安，他游览了当地的名胜古迹，考察了周围的山川形势、物产风俗和世态人情。在当时的京都洛阳居住了五六年，经常到太学里去访谒名家经师，虚心求教，这为他今后的科学研究工作奠定了良好的基础。他结识了不少有学问的朋友，其中有一个叫崔瑗，是著名经学家贾逵的高徒，精通天文、数学、历法，还是很有名气的书法家。张衡登门向他求教。两人交流见解，共同磋商，一直是志同道合的挚友。正是他这种虚心好学的精神使得他在各方面获益匪浅。

公元100年，张衡应南阳太守鲍德之请，遂到南阳郡宛城，任主簿一职，其间创作了不少名垂千古的文学作品。公元108年，鲍德调任京师，邀张衡共同赴任，但张衡深感自己学业未成，不足以济世，遂辞官回乡，居家治学。在随后的五年中，他研究的重点从经学、文学，转向哲学、天文、历算。

他两度出任中央政府专管天文的太史令，在这方面取得了辉煌的成就。张衡在太史令任内，积极从事理论研究工作，系统观测天体运行，著《灵宪》等书，创制浑天仪，且在历法方面也有所研究。据《辞海》所记：他第一次正确解释了月食是由月球进入地影而产生；他观测和记录了中原地区能看到的二千五百颗星星，并且绘制了我国第一幅较完备的星图。他创造了指南车、自动记里鼓车和能飞行数里的木鸟。

除了在天文学方面有杰出成就外，在地震学的研究上也是举世瞩目的，他创制的候风地动仪是世界上第一台预报地震的仪器，比欧洲相类似的仪器问世早一千七百多年。他还是东汉著名文人，他写的《二京赋》"精思博会，十年乃成"，为人们所津津乐道。张衡是一个罕见的全面发展的人物，他除了在天文学、地震学、机械技术、数学等方面所创造的辉煌成就外，在哲学、文学、绘画等领域也有很深的造诣。20世纪中国著名文学家、历史学家郭沫若这样评价张衡："如此全面发展之人物，在世界史中亦所罕见，万祀千龄，令人景仰。"

张衡对自己一贯的要求是"约己博学，无坚不钻"。这种勤奋博学、长于思考、锲而不舍、持之以恒的精神，是他一生的光辉写照，也成就了他非凡的才能和广博的学识。

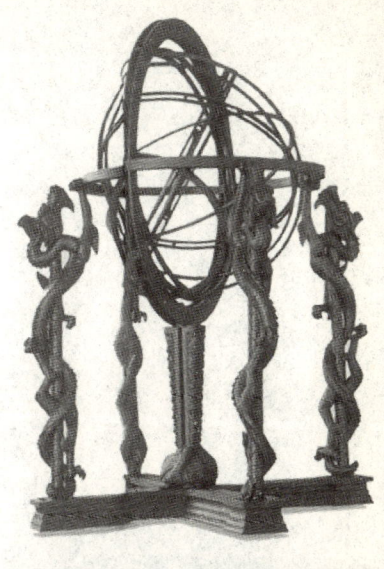

浑天仪

东汉时期的科学家张衡在落下闳、耿寿昌等人制造的浑天仪的基础上，设计制造了一种新的浑天仪，以齿轮与漏壶相连，使浑天仪自动运转，其速度同人们所视天空物体运动速度相一致。浑天仪以铜铸成，呈球形，球面上标出黄道、赤道、南极、北极，刻有二十八宿及其他星座，每天有规律地回转一周。

中国古代教育智慧

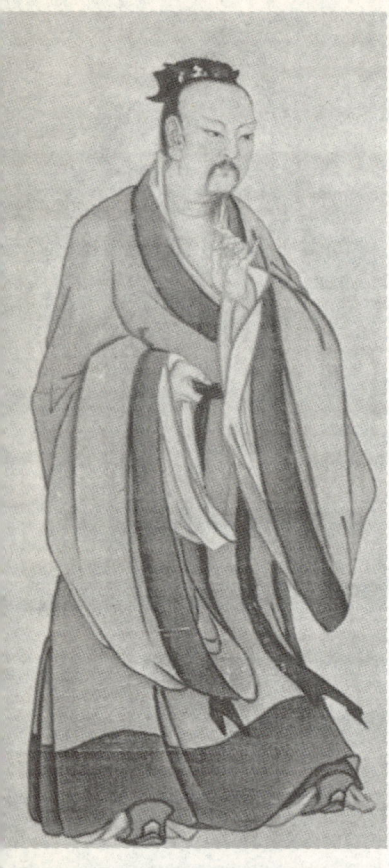

尧帝

尧，传说中的上古帝王，又称唐尧。尧帝的品质和才智非凡绝伦，德高望重，光照四方，使邦族之间团结如一家。他在位时期，天下安宁，政治清明，世风祥和。

第二十篇　尧曰

【原文】

尧曰①："咨②！尔舜！天之历数在尔躬，允③执其中。四海困穷，天禄永终。"

舜亦以命禹。

曰："予小子履④，敢用玄牡⑤，敢昭告于皇皇后帝：有罪不敢赦。帝臣不蔽，简⑥在帝心。朕⑦躬有罪，无以万方；万方有罪，罪在朕躬。"

周有大赉⑧，善人是富。"虽有周亲⑨，不如仁人。百姓有过，在予一人。"

谨权量⑩，审法度，修废官，四方之政行焉。兴灭国，继绝世，举逸民，天下之民归心焉。所重：民、食、丧、祭。宽则得众，信则民任焉。敏则有功，公则说。

【注释】

①尧曰：下面引号内的话是尧在禅让帝位时和舜说的话。

②咨：即"啧"，感叹词，表示赞誉。

③允：真诚，诚信。

④履：这是商汤的名字。

⑤玄牡：玄，黑色。牡，公牛。玄牡，黑色的公牛。

⑥简：阅，这里是知道的意思。

⑦朕：我。从秦始皇起，专用作帝王自称。

⑧赉：音lài，赏赐。下面几句是说周武王。

⑨周亲：至亲。

⑩权量：权，秤锤，指量轻重的标准。量，斗斛，指量容积的标准。

【译文】

尧（让位给舜的时候）说："啧啧！你这位舜！上天的大命已经落在你的身上了。诚实地保持那正确吧！假如天下百姓都陷于困苦和贫穷，上天赐给你的禄位也就永远地终止了。"

舜（让位给禹的时候）也这样告诫过禹。

（商汤）说："我履谨用黑色的公牛来祭祀，向伟大的天帝祷告：有罪的人我不敢擅自赦免，天帝的臣仆我也不敢隐瞒掩盖，您心里也是早就晓得的。我本人若有罪，不要牵连天下万方；天下万方若有罪，都归我一个人承担。"周朝大封诸侯，使善人都富贵起来。

（周武王）说："我虽然有至亲，不如有仁德之人。百姓有过错，应该由我来承担。"

检查并审定度量衡，修复已废弃的机关工作，全国的政令就都会通行了。恢复被灭亡了的国家，承续已经断绝了家族，提拔被遗落的人才，天下百姓就心悦诚服了。所重视的四件事：人民、粮食、丧礼、祭祀。宽厚就能得到百姓的拥护，勤敏就能取得成绩，公平就会使百姓高兴。

论语的教育智慧

舜帝

舜帝，姓姚，传说目有双瞳而取名"重华"，号有虞氏，故称虞舜，为中华民族道德文化的创始人。舜二十岁时因为孝顺而闻名，三十岁时被尧举用，五十岁时代理天子政务，五十八岁时尧逝世，六十一岁时接替尧登临天子之位。登位三十九年，到南方巡视，在南方苍梧的郊野逝世。死后，禅位于禹。

中国古代教育智慧

孔子头像

【原文】

子张问于孔子曰:"何如斯可以从政矣?"

子曰:"尊五美,屏①四恶,斯可以从政矣。"

子张曰:"何谓五美?"

子曰:"君子惠而不费,劳而不怨,欲而不贪②,泰而不骄,威而不猛。"

子张曰:"何谓惠而不费?"

子曰:"因民之所利而利之,斯不亦惠而不费乎?择可劳而劳之,又谁怨?欲仁而得仁,又焉贪?君子无众寡,无大小,无敢慢,斯不亦泰而不骄乎?君子正其衣冠,尊其瞻视,俨然人望而畏之,斯不亦威而不猛乎?"

子张曰:"何谓四恶?"

子曰:"不教而杀谓之虐;不戒视成谓之暴;慢令致期谓之贼;犹之与人也,出纳之吝谓之有司③。"

【注释】

①屏:bǐng,通"摒",屏除,排除,摈弃。

②欲而不贪:指其欲在实行仁义,而不在贪图财利。

③有司:古代管事的人的称呼,职务卑微,这里意译为小家子气。

【译文】

子张问孔子说:"怎样才可以治理政事呢?"

孔子说:"尊重五种美德,排除四种恶

政，这样就可以治理政事了。"

子张问："五种美德是什么？"

孔子说："君子要给百姓以恩惠而自己却无所耗费；使百姓劳作而不使他们怨恨；要追求仁德而不贪图财利；庄重而不傲慢；威严而不凶猛。"

子张说："怎样叫才要给百姓以恩惠而自己却无所耗费呢？"

孔子说："让百姓们去做对他们有利的事，这不就是对百姓有利而自己却无所耗费吗？选择可以让百姓劳作的时间和事情让百姓去做。这又有谁会怨恨呢？自己要追求仁德便得到了仁德，又还有什么可贪求的呢？无论人多人少，无论势力大小，君子都不敢怠慢他们，这不就是庄重而不傲慢吗？君子衣冠整齐，目不斜视，使人见了顿有敬畏之感，这不也是威严而不凶猛吗？"

子张问："什么叫四种恶政呢？"

孔子说："不经教化便加以杀戮叫作虐；不加告诫便要求成绩叫作暴；起先懈怠而突然限期叫作贼；同是给人财物，出手吝啬，叫作小气。"

【故事】

千古一帝李世民

唐太宗李世民登基后，他吸取隋朝灭亡的教训，非常重视老百姓的生活。他强调以民为本，常说："民，水也；君，舟也。水能载

子张

子张，即颛孙师（前503—？），孔子弟子，孔子去世后，他独立招收弟子，宣扬儒家学说，是"子张之儒"的创始人。他在孔门弟子中是忠信的楷模，后人称有"亚圣之德"。东汉画像石孔子见老子图中，众多孔门弟子注名者不多，他是注名者之一。东汉明帝永平十五年（72年）即以其配祀孔子。唐玄宗开元二十七年（739年）封为"陈伯"。宋真宗大中祥符二年（1009年）改封"宛邱侯"。宋度宗咸淳三年（1267年）尊为"陈公"，并升为"十哲"之一，从祀孔子。

中国古代教育智慧

李世民

唐太宗李世民（599—649年），唐高祖李渊次子。李渊称帝时，任尚书令，封秦王。武德九年（626年）发动玄武门之变，得为太子，旋继帝位。在位期间，虚心纳谏，知人善任。宽刑省赋，发展生产，有"贞观之治"的美誉。晚年连年用兵，加重赋役，阶级矛盾有所加深。

舟，亦能覆舟。"太宗即位之初，下令轻徭薄赋，让老百姓休养生息。唐太宗爱惜民力，从不轻易征发徭役。他患有气疾，不适合居住在潮湿的旧宫殿，但他一直在隋朝的旧宫殿里住了很久。

唐太宗任人唯贤，广开言路，虚怀纳谏。他任用房玄龄、杜如晦、长孙无忌等贤能。他在位二十多年，进谏的官员不下三十余人，其中大臣魏征一人所谏前后二百余事，数十万言，皆切中时弊，对改进朝政很有帮助。魏征病逝时，太宗亲临吊唁，痛哭失声，并说："夫以铜为镜，可以正衣冠；以古为镜，可以知兴替；以人为镜，可以明得失。我常保此三镜，以防己过。今魏征殂逝，遂亡一镜矣。"

唐太宗非常爱护人才。有功之臣李世勣回朝任兵部上书时，积劳成疾，重病缠身。太宗亲自探望，敦促太医认真治疗，甚至过问李世勣所服药物。太医向李世民禀报说："此病乃多年风寒淤积所致，我有一验方，其他药物都有，只缺'须灰'一味。"太宗迫不及待地问："须灰是何药，能找到吗？"太医解释说："须灰就是胡须所烧成的灰。"太宗一听，马上说道："这药我有。"立即命人取来剪刀，亲自将自己的胡须剪下，烧成灰后，又亲自将须灰调入药中，让世勣服下。李世勣服药后，病情迅速好转，很快便痊愈了。世勣被太宗剪须一事感动得"顿首见血，泣以恳谢"。唐太宗亲手将李世勣扶起，温和地说："朕赖卿以安社稷，卿安则社稷安矣，朕煎须以治卿病，乃是为社稷计，不为卿一人之私也，何谢之有？"在场之人，无不为太宗爱护功臣的仁慈之心而万分感动。

唐太宗对子女教育十分严格。贞观十七年（643年）四月，太子李承乾以谋反之罪被废，唐太宗遂将第九子晋王李治立为太子，并对他严加教管。在李治吃饭的时候，他便指着饭食对李治说："耕种田地，春种秋获，都要经过辛勤劳动。只有爱惜民力，不夺农时，才能常有饭吃。"看见李治乘舟，便说："舟所以比人君，水所以比百姓，水能载舟，也能覆舟。你将来就会成为君主，想想水与舟的关系，能不畏惧吗？"他并且还教导其他几个儿子勤俭节约，廉正爱民。据说，从此以后，这些龙子龙孙们都奉公守法，很少有人胡作非为。

唐太宗处理民族关系的做法也值得称道，在他的努力下，唐朝的汉族和各少数民族和睦相处，出现了历史上难得的民族关系融洽、各族和睦共处的黄金时期。

唐太宗能任用贤能，从善如流，视民如子，不分华夷。他在位二十三年，使唐朝经济发展，社会安定，政治清明，人民富裕安康，出现了空前的繁荣。开创"贞观之治"。他本人也成为中国人千年称颂的好皇帝。

李治

唐高宗李治（628—683年），唐太宗李世民九子，其母为长孙皇后。贞观五年（631年）封为晋王，后因唐太宗太子李承乾、魏王李泰相继被废，他被立为太子。贞观二十三年即位（650年），时年二十二岁。弘道元年（683年）十二月，高宗去世。葬于乾陵。